現代観光と
ホスピタリティ
サービス理論からのアプローチ

前田 勇

Modern tourism and hospitality
　　　　　Approach from theory of service

学文社

はしがき

　簡潔な文章で知られ，小学校教科書にも収録されている，太宰治の「走れメロス」の冒頭は次のような文章である。

　　「メロスは激怒した。必ず，かの邪智暴虐の王を除かなければならぬと決意した（筑摩書房刊『太宰治全集〈第三巻〉』による）。」

　本書に，この文章をあてはめると，邪智暴虐の王とは，"響きのよい語感"という理由によって，ホスピタリティという言葉が不正確あるいは曖昧なまま用いられている風潮であり，怒っているメロスが筆者である。ただし，筆者の場合は，激怒しているというよりも，危惧している，懸念しているぐらいがあてはまる。

　観光行動研究とともに，サービス評価の仕組みを説明できる一般理論を構築することを目指して研究してきた筆者にとって，ホスピタリティは直接の研究対象ではなかった。筆者の理解では，ホスピタリティとは他者を歓待するという人間に共通して求められる行動規範を意味した概念であり，それを研究するとしたら，宗教学とともに民俗学や文化論からのアプローチが必要になるだろうと漠然と思っていた程度であった。

　1950年代後半に，アメリカでビジネス用語として登場するようになり，やがてホテルやレストランなどの接客サービスを必要不可欠な要素とするサービス業がホスピタリティ・ビジネス（後にホスピタリティ産業）と称されるようになり，一般にも用いられるようになる。しかし，ホスピタリティ・ビジネスの用語は，関係業界を総称するための便宜的呼称であって，固有な価値的意味はもっていなかったように思われ，本来の意味である，行動規範を意味するものとしてのホスピタリティと，業界用語としてのホスピタリティは"平和共存"していたのである。筆者が以前勤務していた大学で1970年代末にカリキ

ュラムの改訂を行った際に，それまで「ホテル経営各論」と称していた科目群を「ホスピタリティ経営各論」に改めたが，それもホテル業界という表現に代えて，関連事業を包含する新しい表現を採用したという程度の意味であった。

しかし，業界用語としてのホスピタリティが，業界を総称する用語としてだけではなく，「サービス」の一形態を意味するものとして用いられる傾向がみられるようになってくる。その理由については本文で述べられているが，要約すれば，サービスとくに働きとしての部分（サービス理論で機能的サービスと称されるもの）が次つぎに高度化されることによって，利便性と快適性が飛躍的に向上し，この部分での差別化が困難になってきたことがある。そしてさらに働きの部分の高度化に伴って，サービスの"やりかたの部分（サービス理論で情緒的サービスと称されるもの）"が規格化・標準化される（その典型的なものがいわゆるマニュアル化された対応である）ようになり，この部分でも他との違いを利用客に印象づけることは難しくなってきたのである。

この状況を打開するために，"やりかたの部分"に，人間味が感じられるような，暖かみのある応対が求められ，これを"ホスピタリティのある応対"と称したのであるが，このことは，本質的に異なる「ホスピタリティ」と「サービス」を"互換性のあるもの"として扱うことを意味しており，さまざまな混乱を生じさせることになる。

その際たるものが，有償性の経済行為であるサービスの世界に，無償性を本質的特徴とするホスピタリティの原理を無理やりあてはめてしまうことであって，個人的善意を商品化して，利用客に不満が生じた場合，その原因を従事者の"ホスピタリティの欠如"に求めることもみられるようになってくる。

「ホスピタリティ」が「サービス」よりも語感がよい，ということによって生じている，ある種の混乱は許容範囲であるとしても，「ホスピタリティ」を曖昧なまま使用したり，場面場面によって，都合よく「サービス」とを使い分ける傾向は看過できない。もしも，サービスがホスピタリティと同様に，個々人の感覚で用いられ，"語られる言葉"になってしまうとすれば，サービスに

関する学術研究の基盤までがゆらぎかねないのである。

　ホスピタリティの誤用・乱用はさらに広がっているように感じられる。政府の観光関係委員会の報告書には「ホスピタリティを売る」という表現がみられ，善意の商品化が平然と述べられており，サービス関係者のシンポジウムでは「プロとしてのホスピタリティ」という意味不明な発言がみられるが，プロフェッショナルが行うのは仕事としてであり，それは当然，有償行為なのである。

　そしてさらに，ある観光関係テキストは遍路に関して，"無償のホスピタリティ"という表現を用いているが，有償のホスピタリティはないのであり，"無償の"と形容するのが誤りであることはいうまでもない。

　このような現状を，筆者は深く危惧し，懸念しているのであり，この状態を多少なりとも是正することに努めたい，という思いが本書の執筆動機である。

　ここで本書の執筆スタイルについて若干説明しておきたいと思う。

　本書の意図は，誤用・乱用される傾向がみられる「ホスピタリティ」について，できるだけ多くの人が共通理解を深め，学術あるいは実践の場において，建設的な論議ができるようにするための土台を提供することにあり，関係する人たちの記述や論説を個々に批判することではない。そのため，関連する図書・資料等を個別にあげて論述する形はとらないこととし，より平易に利用していただけるように，学術的記述とエッセー型記述との中間にあたるスタイルを採用したものである。そして，内容に直接かかわる場合に限って本文該当箇所に引用文献名を記載し，他の参考文献は一括して，初出論文等と併せて，末尾解説欄に記載するようにした。

　本書の出版にあたっては，多くの人たちに直接間接にご支援をいただいた。2006年7月に発足した，観光とくに研究方法論に関する私的研究会（「勇朋会」と称する）メンバーの方々からは，毎回大きな刺激を受けており，それが研究への新たな意欲そして本書の執筆を促進するエネルギーとなったことは間違いない。メンバーの一人でもある中村哲氏（玉川大学）には，本書第Ⅰ部の

基となった論文を学会誌に掲載するにあたっていろいろとお世話になった。また，2007年7月に大阪観光大学で「サービス論特殊講義」を集中講義形式で行う機会を得たことは，本書執筆を側面から推進する役目を果たしてくれた。その意味で，講義機会をつくっていただき，講義実施にあたっては全面的にサポートしていただいた，おなじく研究会のメンバーである同大学の橋本佳恵氏にお礼を申し上げたいと思う。

　最後になったが，いつもながら田中千津子社長をはじめ㈱学文社の皆様には大変にお世話になった。記して深く感謝の意を表するものである。

　2007年10月

前田　勇

目　次

第I部「ホスピタリティ」とは

第1章　「ホスピタリティ」の概念　　2
1. 一般用語としてのホスピタリティ　　2
2. 行動規範としてのホスピタリティ　　3
   1)　仏教における"いたわりの実践"についての教え……3/　2)　『新約聖書』でのホスピタリティ……3/　3)　イスラーム文化における"もてなし"の実践……4/　4)　現代思想としてのホスピタリティ……6
3. ホスピタリティの基本的性格　　7
   1)　特定行為を意味していないこと……7/　2)　自発性に基づくものであること……9/　3)　無償性のものであること……10/　4)　担い手は庶民であること……11　5)　ホスピタリティを支える規範……13

第2章　ビジネス用語としての「ホスピタリティ」　　17
1. 「ホスピタリティ」の用語法の変遷　　17
   1)　精神・規範から対応施設・便宜……17/　2)「対応施設」としての展開……18
2. ビジネス用語としての登場　　19
   1)　ホテル・レストランにおける"歓待の重要性"……19/　2)　接客サービス業の発展……20/　3)　ホスピタリティとホスピタリティ・ビジネスとの異同……22
3. 乱用・誤用される「ホスピタリティ」　　24
   1)　ホスピタリティを「利用者対応行為」として用いていること……24/　2)

「サービス」と「ホスピタリティ」を同義語とする誤り……25/ 3) 短絡的な用語法……26/ 4) 混用されるホスピタリティ……28/ 5) 区別して用いる必要性……29

第Ⅱ部 「サービス理論」と観光

第3章 サービスの構造　　32

1. サービスの一般的意味　　32
   1)「サービス」についての一般的説明……32/ 2) 経済用語としての意味と行為としての分類……32
2. 評価対象となる「サービス」を構成するもの　　33
   1)「機能的サービス」と「情緒的サービス」……33/ 2) サービス事業のタイプ……34
3. サービスの「基本タイプ」　　37
   1) 2側面の組み合わせ……37/ 2)「組み合わせ」を規定する条件……38/ 3) 提供条件と「サービスの基本タイプ」……40
4. 「個別化」の理論　　43
   1) サービス評価における「個別化」……43/ 2)「個別化」の基礎理論……45/ 3)「逆の個別化」……46/ 4) サービス提供における「個別化」の考えかた……48
5. サービスの諸形態　　49
   1)「サービスの基本タイプ」と対象性による形態……49/ 2)「もてなし型」と「親切型」……51/ 3) 対人応対の文化的背景……53

第4章 「サービス」の用語法分析　　55

1. 「サービス」という言葉の性格　　55
   1) "共通語"としての条件……55/ 2) 実際の使用例の分析……56

2．「サービス」という言葉の"2つの用法"　　　　　　　　　　57
　　1)「存在型用法」……57/　2)「評価型用法」……58/　3)"2つの用法"の関係分析……59/　4)「サービス商品」「サービス価格」の意味と用法的特徴……63

3．"2つの用法"と「サービスの基本タイプ」との関係　　　　　65
　　1) 用法分析の役割……65/　2)「基本タイプ」と「用法」との関係……65

4．新聞・ガイドブックにおける用語法の分析　　　　　　　　　66
　　1) 新聞記事にみられる用語法の実際……66/　2) 飲食店ガイドブックにみられる用語法……67

5．学生によるサービスの満足・不満足に関する記述の分析　　　69
　　1) 分析の目的と対象素材……69/　2) 分析結果の表示方法……70/　3)「よいサービスに関する事例」の分析……71/　4)「わるいサービスに関する事例」の分析……76/　5) 大学生によるサービス評価表現の特徴……77

第5章　観光におけるサービス　　　　　　　　　　　　　　　79

1．サービス複合事象としての観光　　　　　　　　　　　　　　79
　　1) 観光に期待されるサービス……79/　2) 観光事業を構成するサービスの多様性……79

2．観光者心理の基本的特徴　　　　　　　　　　　　　　　　　81
　　1) 観光者の心理的特徴……81/　2) 行動類型と意識……82/　3)"潜在的欲求"の顕在化……83

3．観光におけるサービスの位置と役割　　　　　　　　　　　　84
　　1)"旅の思い出"に関するエッセーの分析……84/　2) 分析結果の概要……84/　3) 分析結果から浮かび上がる観光におけるサービスの意味……86

4．観光者のサービスへの期待と評価　　　　　　　　　　　　　87
　　1)"新しいサービス"に対する期待と満足―不満足の仕組み……87/　2) サービスにおいて「くいちがい」を生じさせるもの……88

5. "新しい観光"とサービス　　　　　　　　　　　　　　　　91
　　1)"新しい観光"とは……91/　2)"新しい観光"の一形態としてのヘルス・ツーリズム……93/　3) ヘルス・ツーリズムとサービス……95/　4)"新しい観光"に期待され・求められるサービス……97

第Ⅲ部　サービスと観光の社会史

第6章　消費生活とサービス評価の推移　　　　　　　　　　　　　100
　1．「期待」と「関心」の時代的変遷　　　　　　　　　　　　　100
　2．各段階の特徴　　　　　　　　　　　　　　　　　　　　　102
　　1) 関心低迷期（～1960年代半ばまで）……102/　2) 関心高揚期（1960年代半ば～70年代後半まで）……104/　3) 関心低迷期（1970年代後半から80年代前半まで）……105/　4) 関心高揚期（1980年代前半～80年代末まで）……106/　5) 関心低迷期（1990年代初め～2000年代初めまで）……107/　6) 関心高揚期（2000年代初め～現在）……108
　3．サービスに対する評価の時代的変化　　　　　　　　　　　109
　　1) サービスタイプにみられる変化……109/　2) サービス用語法にみられる変化……110

第7章　"人気温泉地"の変遷　　　　　　　　　　　　　　　　113
　1．「にっぽんの温泉100選」を通しての分析　　　　　　　　　113
　2．"ベストテン"の推移　　　　　　　　　　　　　　　　　113
　　1) 第1期（1987～91年）……114/　2) 第2期（1992～96年）……115/　3) 第3期（1997～2001年）……115/　4) 第4期（2002～06年）……116
　3．温泉地宿泊施設構成との関係　　　　　　　　　　　　　117
　4．（1987～2006年の）温泉地ベスト20　　　　　　　　　　118

第Ⅳ部　観光とホスピタリティ

第8章　観光におけるホスピタリティの役割　　122
1. 観光形態の変化とホスピタリティ　　122
    1) 歓迎されない旅人……122/　2) 歓迎される観光客の誕生……123/　3) 観光形態と"担い手"の変化……125
2. 仲間意識とホスピタリティが支える地域祭事　　127
    1) 観光事業が存在しない"観光地"……127/　2) 片貝地区の概要……128/　3) 片貝花火の特徴と地区の人びとにとっての意味……129/　4) ホスピタリティの実践にふれる機会……130
3. 観光地とホスピタリティ　　131
    1) 観光事業従事者に求められる"よいサービス"の遂行……131/　2) 観光地におけるサービス向上の意味と意義……133/　3) 一般市民（事業非従事者）に期待される"好意的な対応"……135/　4) ホスピタリティのある観光地づくりの指針とすべきこと……137

第9章　遍路における接待—ホスピタリティの実践—　　139
1. 遍路の意味と歴史　　139
    1)「遍路」の意味するもの……139/　2)「遍路」成立の経緯……140/　3)「四国遍路」の大衆化……141/　4)「四国遍路」の変遷……143
2. 四国遍路における「接待」の意味　　144
    1) 四国遍路と「接待」……144/　2) 接待の形態……145/　3) 接待の動機……147/　4)「オスピタレーロ」と接待者との共通点と相違点……148/　5) 現代の遍路におけるホスピタリティの実践としての接待……150

第10章　ホスピタリティのある観光をつくる　　153
1. 観光に求められるホスピタリティ　　153

1）ホスピタリティを成立させるもの……153／ 2）観光者に求められる"感光力"と"あり・なし"の見きわめ力……154／ 3）マナーとしての"人間の行為に対する反応"……156
2．ホスピタリティを育むことの意味　　　　　　　　　　　　　　　157
　　1）サービス事業従事者に対する教育から……157／ 2）ホスピタリティある人間の育成……159
3．ホスピタリティのある観光実現の指針―いくつかの体験を手がかりとして―　　　　　　　　　　　　　　　　　　　　　　　　　　　　161
　　1）サンドウィッチに添えられていた紙袋……161／ 2）対応できる人を連れてくる……161／ 3）納涼船での体験……163／ 4）困っている人を援助すること……164／ 5）ホスピタリティのDNA……164

　〔解説〕……167

I

「ホスピタリティ」とは

第1章 「ホスピタリティ」の概念

❶ 一般用語としてのホスピタリティ

　一般用語としてのホスピタリティ（Hospitality）は，「暖かく親切にもてなす心，歓待の精神」という"心構えや気持ち"を意味しているとともに，「客や他人に対する歓待，厚遇」として"人をもてなす行為"を指して用いられている。前者が行動そのものであるよりも規範的価値を示しているのに対して，後者は他者に対応する具体的行為を指している。

　規範的価値とくに他者に対する行動規範を意味するものとしての「ホスピタリティ」は古代ギリシア時代，さらにインドにおける仏教形成期から現在に至るまで脈々と引き継がれていると考えられる。

　後述するように，他者に対する"いたわり"の精神を具現化したものとして，旅人や病人のための施設としての病院（ホスピタル）やホテルなどが一般に認識されるようになったことによって，他者を歓歓する精神や気持ちのあり方そのものがホスピタリティであるという理解がやや薄れることになる。しかし，人間の普遍的行動規範を示したものとしての宗教には，本来の意味でのホスピタリティの重要性が強調され続けてきた。

　なお，ホスピタリティが"世話になる"という意味をもっていることから，「留置場に入れられたこと」を「女王陛下のホスピタリティを受けた（Partake of Her Majesty's Hospitality）」と表現するイギリスのジョークもある。

❷ 行動規範としてのホスピタリティ

1) 仏教における"いたわりの実践"についての教え

　紀元前4世紀頃にインド北部で形成された仏教において，ホスピタリティに相当する言葉は，漢字訳では「施」の語によって表現されている。仏教形成の歴史とブッダの教えを要約的にまとめた『仏教の教え（The Way of Practical Attainment）』は，貧富にかかわらず誰でもが日常生活の中で行うことができる善行を「無財の7施（Seven kinds of offering）」と称し，次のように説明している。

　①身施（the physical offering）……身体を他者のために捧げること
　②心施（the spiritual offering）……心と気持ちを他者のために捧げること
　③眼施（the offering of eye）………他者にやさしいまなざしをおくること
　④和顔施（the offering of coutenace）…他者にやさしい表情で接すること
　⑤言施（the oral offering）…………他者にやさしい言葉で接すること
　⑥牀座施（the seat offering）………他者に席を譲ってあげること
　⑦房舎施（the offering of shelter）…他者を家に迎え，寝る所を提供すること

　これらの内の③〜⑤は，後述するように，現代のビジネス用語となっているホスピタリティ経営において，従業員に求められている行為でもある。また，⑥と⑦は古代ギリシア以来，旅人に対する対応の根幹となってきた"食物と寝る所"の提供そのものを意味している。

2) 『新約聖書』でのホスピタリティ

　キリスト教の経典である『聖書』において，ホスピタリティに直接ふれている代表的なものは，「ローマ人への手紙（新約聖書）」の中の「貧しい聖徒を助け，努めて旅人をもてなしなさい」という文言である（第12章13節）。ここに引用したものは日本聖書協会訳文であるが，原文（翻訳対象となっている英語）には「ホスピタリティを与えなさい（given to hospitality）」と「ホスピタリティを実践しなさい（practice hospitality）」との，ややニュアンスの異なる2種

類のものがある。前者が具体的行為として，パンとベッドを与えることを求めているのに対し，後者はより抽象的に"他者に対するいたわり"の精神に基づいた行動をすることを勧めており，仏教が「無財の7施」として記しているものに共通してると考えられる。パウロによって「ローマ人への手紙」が執筆されたのは西暦55・56年頃とされているが，キリスト教信者の実践倫理について述べた第12章以下において，ホスピタリティの大切さが指摘されていることには大きな意味がある。

　それは，ホスピタリティが当時のローマ帝国圏内の人びとに共通して理解できる意味をもった言葉であったことを示しているとともに，この言葉に対する理解が必ずしも実践に結びついてはいなかったことを示しているからである。当時，「クセノス（Xenos）」と称された外国人あるいは"よそ者"は，恐れられ，警戒されるとともに，異なる文化と知識，産物などを伝えるものとして大切に扱われていたとされているが，他者とくに見知らぬ人びとに分け隔てなく接することの大切さをホスピタリティの提供あるいは実践として，改めて強調していたものと考えられる。なお，中国ではこの原文を「客要一味的款待」と訳しており，原文のニュアンスにより近い表現であるように考えられる。

　パウロは，「ローマ人への手紙」より25〜30年位後に書いたとされる「ヘブル人への手紙」の結びの部分において，「旅人をもてなすことを忘れてはならない。ある人びとは気づかないで御使たちをもてなしている」と述べており，他者を快くむかえ入れることを日常的に実践することの大切さを改めて強調している。

3）イスラーム文化における"もてなし"の実践

　7世紀初頭に成立し，その後広い範囲に広がりを示したイスラーム世界にはキリスト教世界とは異なった文化が形成された。その代表的なものに"人とのつきあいのルール"があり，「アラビアの遊牧民の間には，古い時代から他人とのつきあいとしてのルールが確立されていた。味方としてのつきあい，敵としてのつきあい，もうひとつが，敵．味方関係なしの人とのつきあいであり，

ディヤーファ（diyafa）とよばれるものである」と説明されている[*1]。

イスラーム社会においては"ホスピタリティの実践"は行動規範としてだけではなく，生活における実行基準として強い影響力をもち続けているのであって，『イスラム啓典（al Qur'an）』は，「両親や血縁者はもとより近隣者，孤児，貧者，見知らぬ人，旅行者にも親切に振る舞うように」と命じている。「旅の人は，家に招き入れ，お茶や食事を提供する。分相応に出来るだけのことをすればよく，"客を招かぬ家は天使も招かぬ""招かれる客・客招く"などの諺言がある[*2]」と説明している。

＊1 （片倉もとこ著『「移動文化」考』，日本経済新聞社，1995年）
＊2 （片倉もとこ編『イスラーム世界事典』，明石書店，2002年）

ここでの"分相応に出来るだけのことをしなさい"という教えは，「無財の7施」に共通するものであるが，もてなし好きで有名となった歴史上の人物もイスラーム社会には多くみられ，「誰それほどに寛大な人」と称されることがシャラフ（sharaf〈栄誉，誇りの意味〉）となっている。そのために，多くの人びとに食事を提供することによって自己の財力を誇示しようとする弊害が生じることもみられ，ラマダーン（日中断食を行う月）の終了時に数千人分の食事を用意し合う競争を批判する報道も近年みられる。また，"客を招かぬ家は天使も招かぬ"という諺言と意味的に同じものはキリスト教社会にもみられ，とくにカトリックの影響の強いイタリア・サルデーニアには「お前が客とパンを分かち合うとき，お前たち2人の間に1人の天使が座っている」という諺が伝えられている。

＊ 継続しているホスピタリティの実践

近年，政治的対立を背景として，イスラーム社会といわゆるキリスト教社会との抗争が目立っており，国際テロリズムの激化やイスラーム原理主義者の台頭など，対立軸だけが過度に強調される傾向があるが，イスラーム文化におけるホスピタリティの実践が生き続いていることを忘れてはならない。14世紀前半から中頃にかけて，エジプトからメッカ巡礼し，その後，西アジア・中央

アジア・インドさらに中国を探訪して「旅行記」を著したモロッコ出身のイスラーム教徒探検家イブン・バットウータ（Ibn Battutah）の足跡を辿る研究を続けている家島彦一（早稲田大学教授）は，「バットウータの大旅行を可能にしたのは，イスラーム社会が人の温もりによってつながった世界であったからだと思う。私のような外の世界の人間でも『アッサラーム・アライクム（あなたに平安あれ）』の一言で温かく受け入れられて食事に招かれたりした」と述べている。

4) 現代思想としてのホスピタリティ

他者を優しく歓待するという意味でのホスピタリティの大切さを教えているものとして，聖書の「ローマ人への手紙」の中の一節がよく知られているが，そこからホスピタリティがキリスト教の基本的考えのひとつとして理解してしまう傾向があるが，それは明らかな誤りである。他者をいたわり，歓待することが人間にとって価値ある行為であるとする教えは，キリスト教だけではなく，仏教にもイスラーム社会にも等しくみられるものなのである。

宗教性はなく，また必ずしも一般性をもつ用語法ではないが，「ホスピタリティ」の語が，身分・資格等を問わず，難民を受入れようとする国家ならびに社会の基本姿勢を意味するものとして用いられることもある。それは，不法行為を伴っていない限り，他国を訪問し滞在することのできる権利（訪問権）であり，正当な理由がある者の政治亡命を認める論拠であるが，他の国や地域からの一時的来訪者一般を受入れること（国際観光交流）の原点となる考え方でもある。これは，古代ギリシア時代以来，ヨーロッパ社会に引き継がれてきた自然発生的慣習のひとつとして，国際法に準じる意味をもつと解されている。現実には，政治的理由また地理的条件から実現にはさまざまな障害があり，ここでの「ホスピタリティ」は理念を示した言葉にとどまらざるをえない面をもっているが，ここにも行動規範としてのホスピタリティの系譜が認められる。

3 ホスピタリティの基本的性格

1) 特定行為を意味していないこと

　ホスピタリティとは，他者を快く受け入れる精神であり，より具体的には，「他者を歓待すること」を人間の価値ある行為として位置づける行動規範を称した抽象概念である。他者を歓待する実際の行為としては，"パンとベッドを与えること"がキリスト教ならびにイスラームの教えに示されているが，それをどのように行うべきかについてはふれてはおらず，また仏教の教えでは食物や宿所を提供すること以外の行為も同様に歓待の行為としてあげている。ホスピタリティは，「他者を歓待する」という精神とそれを表現した行為の総称であって，それを実践するための特定行為を意味してはいないのである。

　「行き先でホスピタリティあふれる歓待を受けた」「従業員の明るい応対にホスピタリティを感じた」といった表現がしばしば用いられているが，それらはいずれも受け手側の相手側の行為に対する好意的評価表現である。"好感をもった"という主観的事実があり，その感覚が生じた理由を"ホスピタリティがあること"に求めているものである。しかし，これらはともに，受け手側の感性に基づいた表現であり，どのような行為を通してホスピタリティを感じるか，さらに，具体的行為の評価には個人差があることは十分に予想される。

＊　民族性・地域性による違い

　他者に対する歓待精神，そしてそれが具体的行為として表現される場合，その表現の仕方には，行為する側（ホスト側）と受ける側（ゲスト側）との関係や場面，さらに民族性・地域性を包含した文化による影響が加っており，ホスピタリティのある行為とない行為とを外面だけで識別することは困難なのである。土産品や贈り物の授受において，率直に感謝や喜びを表現することが礼儀とされている文化がある一方，他者からの物品等の供与に対しては感情表出を避けるのがマナーとなっているイスラームの文化も存在している。

　初めて出会った見知らぬ人にも笑顔（スマイル）で接することは，最も基本

的なホスピタリティの表現として一般に理解されており，前記したように仏教の「無財の七施」では「眼施」および「和顔施」として表現されている。しかし韓国社会のように，若い女性が見知らぬ人に笑顔をみせるのを"はしたないこと"と考える儒教的価値観が依然として影響力をもっている例もある。

　見知らぬ人にも気軽に声をかける行為が，見知らぬ人たちの集まりである都市と，顔なじみの人たちを中核として構成されている地方とでは意味が異なることは世界に共通することであるが，同じ都市部であっても民族・地域によって差異があり，国内においても東京と大阪とではかなりの違いがある。

　他者のちょっとした会話が相互に耳に入りやすい喫茶店・飲食店などにおいて，「○○に行くのはどうしたらよいのだろうか」「××はどこで入手できるのだろうか」といった会話をしていた場合，従業員だけではなく，その場に居わせたほかの客までが，疑問に対して発言する（回答を与えてくれる）ことが大阪では頻繁にみられることを（東京出身であるが大阪・京都での居住経験のある）筆者は経験的に認識している。

*　行為に対する評価の違い

　このことに関する興味深いデータを，日本経済新聞社グループが以前実施した「都道府県イメージ調査」から見出だすことができる。同調査はさまざまな項目に対する回答結果を47都道府県ランキングの形式で示しているが，その中の「あたたかい人情に触れられる」について，首都圏居住者が「大阪」を下位グループに属する第41位に位置づけていたのに対して，近畿圏居住者は最上位の青森・岩手・秋田などの東北地方に続く上位グループの第6位に位置づけており，人情味ある地域として「大阪」を認識していることが認められる（なお首都圏・近畿圏居住者ともに最下位が「東京」であることは一致している）。

　このように，「他人のことにも口をさしはさむ」といった行為を，余計なお節介・無用な詮索として否定的にとらえるか，あるいは人情味ある自然な行為として肯定的にとらえるかは，受け止める人によっても異なるものであるが，そこにはどのような行為を自然なものとみるのかという風土的条件も大きく影

響しているものと考えられる。

2) 自発性に基づくものであること

　ホスピタリティの実践において重要なことは，それが自発的なものであることである。さまざまな宗教の教えも，他者に対する"いたわりの行為"を自ら進んで行うことを奨励している点においては完全に共通している。その意味において，ホスピタリティは"ボランタリーな活動"なのであり，その行動主体はボランティアと称することもできる。

　よく知られているように，ボランティアの語の基となったのは，「意志」を意味する『Volo』であり，そこから『Voluntas』が生まれ，そして「自由意志に基づいて行動する人」としてボランティア（Volunteer）の言葉が用いられるようになった。今日の社会に広くみられるボランティア活動の背景にあるのは，キリスト教の歴史の中で生まれた，領主や支配者の援助に頼らずに，人びと自らの自発的活動によって教会および学校を維持しようとする考え方およびそのための制度であり，「ボランタリズム（Voluntaryism）」と称され，日本では「任意寄付主義」の訳語があてられている。

＊　ボランティアの基本的性格

　ボランタリズムに基づく社会福祉活動は，近代社会では救貧活動を中心として展開されていたが，社会福祉制度が整うようになってきた現代社会において医療援助だけではなく，より幅広いさまざまな分野で展開される市民活動型となっており，観光分野においても，「グッドウィル・ガイド（善意通訳）」や「ホームスティ・ホストファミリー」など，一般市民の協力によって成り立っている活動がある。

　現在，「ボランティア」の基本的性格として一般に理解されているのは，次の4点である。

　第1は「自発性」で，ボランティアの原点となるものである。第2に「社会性（公共性）」があげられ，社会的ニーズに応える活動が選択・優先されることになる。第3に「非職業性」があり，仕事として報酬を得ることを目的とし

た活動ではないことを意味しており、無給性と称される場合もあるが、このことは活動の遂行に必要な経費（実費）の受領を否定したものではない。そして第4に「継続性」があり、活動が効果的かつ有効に行われるためにはある程度の専門的知識と経験の集積が必要であり、「専門性」とセットになっているものと考えられる。

これらの内の「自発性」と「非職業性」の2つは、ホスピタリティの実践主体にそのままあてはまるものであり、自由意思で行われる随意性のある行為であることを示している。しかし、ホスピタリティは、基本的に行為主体の日常的行動圏内で他者（旅びとなど）のニーズに対応して実践されるものであって、社会的ニーズに応える活動を選択するという能動的なものではないため、「社会性（公共性）」は基本的性格には該当しない。また、「継続性」および「専門性」の条件は、現代のボランティアの必要要件のひとつではあるが、ホスピタリティの実践主体に共通して求められるものではない。

3) 無償性のものであること

ホスピタリティの最大の特徴であり、他の類似概念と決定的に異なるのは、無償のものであって、実践することそのものに意味と価値があるということである。実践することが目的であり、何らかの目的を達成するための手段ではなく、実践することによってもたらされる満足感や充実感が精神的報酬である。

この点において、類似概念であるとともに、しばしば意図的に混用される傾向のある「サービス（Service）」とは決定的に異なっている。後の章で詳細に説明するが、現代語としてのサービスは利用者側のさまざまなニーズに対応して行われている（広義の）経済行為を意味しており、当然のこととして有償性を基本としたものである。宿泊施設や飲食店をはじめ物品販売店の従業員が来店客に示す応対は、有償のサービス行為であり、個々の行為に直接的な対価性は明示しにくいとしても、全体として営業費用の一部を構成していることは確かなことである。

ホスピタリティとサービスは、無償性と有償性という基本的な違いがあるこ

とから，この両者は意味的に峻別しなければならない。しかし，そのいずれかを優位あるいは上位の概念として位置づけるのは適当ではない。前者が古代から現代まで続いてきた人間の精神および行動規範を意味しているのに対して，後者は近代社会以降に成立し，現代において大きく発展した人間の社会経済活動なのであり，両者はそれぞれに異なる意味と目的をもっている。

　ホスピタリティが無償性を基本とすることに関連して，ある行為が相手側からの感謝や周囲からの称賛といった"非経済的報酬"を期待して行われていたとするならば，それは有償性の行為と同じであり，ホスピタリティの実践にはあたらないという考え方がある。

　イスラーム社会では，他者に喜捨する行為を，一定以上の財産・所得を有する者に課す「ザカート（定められた喜捨＝救貧税とも称される）」と任意に行われる「サダカ」とに区別する(*)。サダカは金額のきまりも対象も自由であり，金銭や品物の提供に限らず，ちょっとした人助けや優しい言葉をかけることも含まれ，仏教での「無財の七施」に共通する内容である。他者をいたわる気持ちに基づくものであれば，妻に与えてもサダカになるとされる。ただし，サダカを誰かに与えたことを他人に自慢すると，喜捨としての有効性が消滅すると定められているのである。

　＊　（前掲『イスラーム世界事典』）

4)　担い手は庶民であること

　自発性と無償性を特徴とし，行為としての具体的表現の仕方は行為主体に委ねられているホスピタリティの担い手（実践主体）は，特定少数の専門家ではなく，名も無き一般庶民であり，そのことは，すべての人びとが実践主体となりうることを意味している。

　重要なのは，ホスピタリティの実践主体は，それを仕事（報酬を得る）とする職業人ではありえないという点であり，すべての人びとが実践主体となりうるというのは，それを仕事としていないという前提があって成立する。

　他者に対して親切に対応するという行為があったとしても，それが仕事の一

部として行われたものであるならば，それは広義のサービスに該当するのであって，ホスピタリティの概念において，実践主体の"非職業性"は絶対の要件なのである。仕事としてサービスの提供に従事する人びとが"プロフェッショナル"と称されることは当然としても，ホスピタリティの実践主体がプロフェッショナルであることはありえないのである。

「プロフェッショナル（professional）」という言葉は，生計を維持していくための仕事を意味した「トレード（trade）」と対比して用いられるようになったものであり，元来は職業一般ではなく，社会的使命をもった専門的職業を意味し，聖職者や学者が該当していた。それは，高度な知識・技術の水準が求められるだけではなく，社会をより望ましい方向へと変えていくこと，すなわち新たな課題にチャレンジすることが期待されている専門家であった。トレード（生業）に必要な知識と技術は，実践を通して時間をかけて習得されるのに対して，プロフェッショナルをめざすためには，実務とは異なる世界において厳しい学習を求められるのが基本であった。

当初は，「プロフェッショナル（専門職業人）」に該当するのは，聖職者，学者，医者，そして芸術家たちであったが，経済社会の成立と複雑化は，さまざまな新たな専門職業人を要請するようになる。各種技術者，法律専門家などがそうであり，サラリーマンも専門職業人として登場したものであった。高等教育を受けた後に，産業社会に飛び込んできた少数の人びと（初期のサラリーマン）は，当時の一般の労働者とは明らかに異なる知識・技術によって企業と社会とに貢献した。彼らは，何をなすべきかを自ら考え，判断し，自己の信念に基づいて社会の変革に取り組んだといえよう。彼らの報酬（サラリー）は，その役割に対してのものであり，仕事量や労働時間に対してのものではなかったのである。

* **プロフェッショナルの基本要件**

近代社会は，分業化とそれらの統合化による組織効率を重視した結果，仕事の専門分化が急速に進められる。そして，かっての"専門職業人"も分割され

るようになり，さまざまな専門職業担当者が誕生するようになる。限定された分野について高度な技術を有するだけの人も，役割に対する自覚の薄い専門職業人も，現代では「プロフェッショナル」と称されるのであり，トレードと区別することが全くできなくなっている。

「プロフェッショナル」の基本要件は，①社会に役立つ知識と技術を保有していること，②保有する知識・技術による社会への寄与，③保有する知識・技術によって評価され，報酬を得ることである。

プロとなること，さらにプロとして行動することの難しさは，知識・技術への評価が社会状況によって異なること，さらに，知識・技術が常に正当に評価されるとは限らないことである。

近年，生活の高度化を背景として，サービスとくに対人サービスに対する関心が高まったことに対応しようとして，ホテル・レストランおよび物品販売等において，接客サービスに関する高度の知識と技術を有する人材が重視されているが，それはあくまでもサービスの領域に含まれる問題なのである。

接客サービスの向上に関連して，"プロとしてのホスピタリティ"といった奇妙な言葉が用いられることがあるが，ホスピタリティとサービスの本質的違いを理解しない誤った表現であることはいうまでもない。無報酬のプロは存在しないのであり，ホスピタリティは報酬と無縁な概念である。しかし，次節で述べるように，ビジネス用語としてホスピタリティが多用されることによって，このような誤用あるいは意図的な混用はさまざまにみられるのである。

5) ホスピタリティを支える規範

「他者を快く歓待する」という考え方およびそれに基づいて自発的に行動することは，人間に求められてきた普遍的な行動規範であり，多くの宗教はほぼ同様な内容を「教え」として示している。仏教の行動規範は「戒律」と表現されるが，この語は個人として守るべき基本道徳を意味する「戒」と，人びとが行うことを堅く禁じ，守らない場合には罰があることを意味する「律」とから構成されている。他者を歓待することは，「無財の七施」にみられるように，

「戒」にあたるものと考えられ，イスラームの教えにおいても同様であり，"できることをしなさい"と教えており，キリスト教も"与え・実践せよ"と表現している。このように，「他者を歓待すること」は個人として守るべき原則として位置づけられてきたと考えられるが，イスラーム社会では「サダカ」に関するルールにみられるように，他律性のある規範として機能している場合もある。

仏教の教えでは，何故守るべきかを「因果応報」として説明しており，この考えに基づいて，「他者に親切にすること（よいことをすること）は，めぐりめぐって自分に返ってくるものである（自分のためになる）」を簡潔に分かりやすく表現した「情けは人のためならず」という「ことわざ」がつくられている。

近世の日本社会において，支配階層および武士階級には儒教的価値観の影響が強くみられ，「礼と正統性」が尊重されており，これに対して，知らない人に親切にすることはあまり重視されなかった傾向がある。しかし，庶民階層では事情は大きく異なり，「情けは人のためならず」さらに「袖振り合うも多生の縁」といった，たまたま出会った人に対するよい対応の大切さの教えと考え方は，行動規範として，また社会慣習として定着していたものと考えられる。さらに，商業の発展とともに，無縁の多くの人びとの中から馴染み客や顧客をつくるためには，誰にも分け隔てのない"よい応対"が大切であるとする実利性を伴った庶民思想が根づいたのである。宿泊業・飲食業・交通業，さらに流通業のほとんどすべては，純然たる民間つまり庶民の力によって育てられてきたのものであり，"日本人は親切"というイメージはこうした背景によってつくられてきたのである。

* 「情けは人のためならず」

このように，因果応報論に基づいた他者への歓待は，結果としての実利期待はあるものの，実践することそのものに価値があるとする行動指針として，ホスピタリティの実践を動機づけるものであったと考えられる。また，「情けは人のためならず」と類似した意味をもつ「ことわざ」は英語圏にもみられ

「one good turn deserves another」と表現されており，前記したように，キリスト教にもイスラームの教えにも同様な表現がみられるのである。

多くの文化は，他者を歓待することを自律的な行動原則と位置づけてきたのであり，日本社会では「他者に対する親切」は，実利性に対する期待を背景にもちながらも，基本的社会価値である「和（争わないこと）」を維持する手段として重視されてきたのであり，"親切文化の国"をつくってきたものと考えられる。しかし近年，日本における親切をめぐる社会的環境は大きく変化しており，都市部を中心に，生活の利便性を追及する傾向や他人に干渉しないことがよいという考え方が高じた結果として，"他人に対する無関心"が急速に広がっている。その結果，かつては日常語であった「親切」が特別の言葉とさえなりつつあり，親切に対する関心の急激な低下は，ホスピタリティの実践そのものに大きな影響を与えている。最近では「情けは人のためならず」を"人に情けをかけるのはよくないこと"と受けとり，「情けが仇（英語の類似表現；Pardon makes offenders)」の意味であると誤解している人も少なくないとされている。

これに対して，他者を歓待することを日常生活において守るべきこととして受け止めてきた文化もある。儒教的価値観が庶民生活のあり方にまで強い影響力を与えてきた韓国社会では，「困っている人を助けること」は，絶対の社会的価値である"正しい生活規範の実践"のひとつとして位置づけられてきた傾向があり，このことはサービス・ビジネスの形態にも直接・間接の影響を与えている〈→ **第3章4節参照**〉。

* **『鉢の木』のエピソード**

旅人を手厚くもてなした美談として，能の曲目『鉢の木』に由来する話が例にあげられることがある。この話は鎌倉幕府第5代執権北条時頼が病のため職を辞したあと僧侶の姿で各地を回った時，雪の夜に一夜の宿を求められた貧しい暮らしをしている武士（佐野源左衛門）が薪の代りに鉢植えの木を燃やして暖を与える。武士は僧侶に問われて零落した理由を述べるとともに，幕府の御

家人の一人としての誇りを堅持しており，出陣命令があった際にはいち早く駆けつけるため，鎧と馬だけは手放さないで持っていることを告げる。約半年後に幕府から諸国へ緊急の動員令が下り，参陣したところ呼び出しを受け，前夜の僧侶が時頼であったことを知る。武士は鎌倉武士の心構えを称賛され，旧領地を回復されるとともに，薪にされた鉢の木にちなんで松・梅・桜の名がついた土地を褒美として与えられた，というエピソードである。

　この『鉢の木』は，能の曲目から後に浄瑠璃・歌舞伎の演目として取り上げられたことによって多くの人に知られるようになるが，鎌倉時代の歴史記録書には関連記述が全くなく，後世に作られたフィクションと考えられている。

　この話は，困っていた旅人に大切にしていた盆栽を薪にして暖を与えたという部分をみると，ホスピタリティの実践が記されているように思えるが，全体としての主題は，権力者が身分を隠して世間を探り，不正をただす英雄談にあり，無財者の善行話（ホスピタリティの実践）は，鎌倉武士の御恩・奉公意識の強固さを表現する手段として扱われているに過ぎないように思われる。

第 2 章 ビジネス用語としての「ホスピタリティ」

❶「ホスピタリティ」の用語法の変遷

1) 精神・規範から対応施設・便宜

　前記したように「ホスピタリティ」の語は，他者を歓待する精神あるいは見知らぬ人や困っている人を快く受入れることを人間の行動規範とする考え方を意味したものである。

　観光の歴史とのかかわりにおいても，他者（旅人）に対する歓待精神が人びとの自由な往来を増大させることに寄与したと考えられ，次のように説明されている。

>　この時代（＝古代ギリシア時代）に，外来者はギリシア神話の最高神ゼウスの保護を受ける「聖なる人」として，厚くもてなされる風習があった。このような歓待の精神は「ホスピタリス（Hospitalis）」と称され，最高の美徳とされた。この言葉が今日の「ホスピタリティ（Hospitality）」の語源となっている。　　（前田編『現代観光総論』〈第 2 章　観光の世界史〉）

　「ホスピタリティ（Hospitality）」という言葉の成立過程をみると，「旅人をもてなす宿主」を指すものとして「Hospes」の語が最初に用いられ，その後に「旅人を手厚くもてなすこと，ならびにその精神」を称する「Hospitalis」が登場したとされている。やがて，もてなしの精神を具現化したものとしてつくられた「旅人への対応施設ならびに利用者のための便宜」が「Hospitale」と呼ばれるようになった。

　1928 年，ローマ大学で行った講義録に基づいて世界最初の観光概説書とさ

れる『観光経済講義（Lezioni di Economia Teristica』を上梓したマリオッティ（Angero Mariotti）は，第1章（ツーリスト事業の歴史的考察）の中でローマ時代の旅行についてふれ，「旅行者は"テッセラ・オスピターレ"を利用して旅を楽しむことができた」と述べている。このテッセラ・オスピターレ（Tessera Hospitale）とは，象牙や青銅でつくられた，旅先で歓待を受ける権利を保証した鑑札を意味している。公務で地方に赴く役人・軍人や特権階級以外の一般旅行者までが同様に扱われていたかについては説明されていないが，ホスピタリティを受ける権利と与える義務の仕組みがすでにローマ時代に作られていたことは確かである。

日本における江戸期の往来において，テッセラ・オスピターレとほぼ同様な機能をもっていたものが，将軍が発行した「朱印状」および幕府老中などの重職に位置する人物が発行する「証文」であり，持参者は宿場や途上の町・村で人馬を無償で使用できる特権が与えられていた。

2）「対応施設」としての展開

ヨーロッパにおいて中世以降に各地に作られた旅人用の施設は「Hospital」と称され，「旅人のための保護と休息の場（a place of shelter and rest for travelers）」として理解されるようになった。そして，このような施設が担ってきた保護の機能と休息の機能とが次第に分化されるようになり，保護の機能ならびに病人・負傷者の看護を専ら受けもつ施設は病院（Hospital），旅人の休息（宿泊）の機能に対応する施設は「宿舎（Hostel, Inn）」と称されるようになり，HostelやInnの発展形としてホテル（Hotel）が後に誕生するようになる。なお，ホテルが高級宿泊施設を意味してヨーロッパで用いられるようになったのは19世紀初頭であり，現在とほぼ同様な機能を有するホテルが建設されたのは，後述するように19世紀後半になってからであった。

他者に対する歓待精神としての「ホスピタリティ」を具現化したものとしての旅人用施設は古代ギリシア時代以来各地に建設され，ローマ帝国が建設したものだけで，約10,000施設あったと推定されており，主要道路のほぼ25マイ

ル（約40km）ごとに設置されていた。因みに，この施設ネットワークは，1850年代以降にアメリカ各地につくられるようになった駅馬車用施設とほぼ同規模であり，ローマ帝国の主な領土をカバーしていたものと考えられる。

　西ヨーロッパ地域では，8世紀初頭（カール大帝〈Charlemagne〉によるフランク王国成立期）までに，各地の聖地巡礼者用に宿泊施設が整備されていたとされている。また，ペルシャ・中国そして日本でも，それぞれに整備された時代はやや異なっているが，同様な施設が整備されており，日本では，孤児・病人を養う施設として悲田院が723年に奈良・興福寺内に設けられ，また貧窮の病人に施薬治療することを目的として施薬院が730年に光明皇后によって設置されている。

❷ ビジネス用語としての登場

1）ホテル・レストランにおける"歓待の重要性"

　ホスピタリティは，宗教および関連領域では，歓待精神や行動規範を意味するものとして存在し続けている。一方，もてなしの精神を具現化したものとしてつくられた旅人ならびに病人のための施設が社会に完全に定着し，ホスピタル（病院）やホテルが，ひとつのサービス施設として広く理解されるようになった。それ以上に大きく関係したのは，旅人や病人を含めて，多くの人びとにさまざまな便宜を日常的に提供する経済活動が成立したことであって，それらは「サービス（Service）」と総称されるようになり，ホスピタリティがもてなしを意味するものとして用いられることはみられなかった。

　ホスピタリティがビジネス用語として登場するようになった直接のきっかけは，1954年にWalter Backmanなる人物が，「ホテルあるいはレストラン経営にあたる人びとは，ビジネスマンであるととともに"ホスト"として，美しく，魅力的に振る舞わなければならない……」と指摘したことであったとされている。まもなく，ホストしてのあり方としてホスピタリティの大切さが強調されるようになり，心地好い応対としてのホスピタリティが求められるビジネ

スを総称して「ホスピタリティ・ビジネス」の言葉が使用されるようになる。この背景には，「サービス」の語が利便性・快適性を高めることを中心に，機能的側面中心の意味で用いられるようになっていた，という当時のアメリカ社会の状況がある。

　後の章で，サービスの構造と評価の仕組みについては詳細に説明するが，当時のアメリカ社会では，多くのサービスが"便利・不便"の次元で把握され，判定される傾向が強くなっていたものと考えられる。しかしながら，人びとから"よい・わるい"という評価の対象となるるサービスは，客観性のある"はたらき"を意味する機能的サービスだけではなく，そこにサービス従事者の利用者個々人に対する"対応の仕方（やりかた）"を意味する情緒的サービスが組み合わされているのである。〈→第3章1節参照〉

　一般に，類似したサービス提供者が複数あり，その中から適当と思われる施設を利用者が自由に選択できる場合，利用者は"好ましい"と感じられる対応の仕方（やりかた）がある施設を選ぶ傾向にある。そして，対応（やりかた）の適否によって選択されるサービス業の代表が，利用するか否かをはじめ，どこを利用するかを自由に選ぶことのできる宿泊・飲食にかかわるサービス業なのである。第二次世界大戦が終結して約10年が経過し，社会が落着きを取り戻しつつあり，人びとの生活にもゆとりが生まれてきた状況において，サービスの"よい・わるい"に対する関心が再び高まってきていた。

　新しい時代によりよく対応していくために，宿泊・飲食サービス業は利用者に対して，親切に・丁寧に接することを心がけるべきであると主張されたのであり，それまでのサービスに代る新しい言葉として，"人間味ある接遇"というニュアンスがある「ホスピタリティ」が用いられたのである。

2) 接客サービス業の発展

　「ホスピタリティ」がビジネス用語として登場するようになることと，一般の人びとを対象とした宿泊ならびに飲食関係ビジネスの成立とは密接な関係があることはいうまでもない。ヨーロッパにおいて商業的の宿泊施設が最初に成立

したのは，1788年にフランス・ナントにおいてであったとされており，そしてまた，1794年にフランス・パリには約500軒の飲食施設が成立していたとされている。これらはいずれも，フランス革命によってそれまでの王朝体制が崩壊したことによって，市民層を対象とした宿泊・飲食施設が誕生するようになったことが背景にある。アメリカにおいても，19世紀中頃以降になると，東部地域にはさまざまな飲食施設が誕生するようになる。

＊　日本における事情

日本においては，社会が安定した17世紀中頃になると庶民による楽しみの旅が広がりを示すとともに，江戸をはじめとする都市には"外食店"も徐々に誕生するようになったが，その直接の発端は大火によって家を失った人びとが食事の場を外に求めたことにあったと説明されている。その後，18世紀中頃以降に大名家関係の接待や商人の商談の場として利用される料亭が誕生し，18世紀末頃から19世紀前半には新しい食材の開発と料理方法の改良も加わり，多種多様外食店が登場するようになった。この時期には庶民の旅もさらに広がりを示し，旅人を受入れる宿泊施設も多様なものとなる。このように，身分的には武士を上位としながらも商人層が経済的実権をもち，庶民文化が確立されていた日本社会では宿泊・飲食業も比較的早い時期に成立していたが，利用客への対応は「接待」「もてなし」などの言葉によって表現されてきた。

19世紀後半，まずヨーロッパにおいて規模と設備，提供する料理ならびに接客応対の水準において，それまでの水準を大きく凌駕した，いわゆる高級ホテルおよび飲食施設が誕生し，同様な施設はまもなくアメリカにも登場し，高級施設として広く認知されるようになった。

日本には，欧米の高級ホテルを経験した犬丸徹三（元帝国ホテル社長）らによって接客サービスの基本となる考え方が導入されたが，犬丸は欧米型のホテルにさらに工夫を加え，後に"日本型ホテルサービス"と称されるようになるサービスの原型をつくり，1935年には接客サービスの基本とすべき事柄を「帝国ホテル10則」としてまとめ，従業員にその徹底を図っている。この10

則には「礼儀」「敬慎」「感謝」などが含まれており，利用者に社員一人一人が丁寧に応対することの重要性が強調されているが，ホスピタリティあるいはそれに類した言葉は一切用いられてはいない。

3) ホスピタリティとホスピタリティ・ビジネスとの異同

アメリカの宿泊・飲食サービス業において，それまでのサービスに代って，「ホスピタリティ」という言葉が用いられるようになるが，それ以後現在に至るまで，ホスピタリティの概念，サービスとの異同，さらに，原理的にみると最も類似性の強い概念である「人情（Humanity）」との関係などについて，ほとんど説明されることはなかった。しかし，サービス業の一分野を意味するものとして「ホスピタリティ・ビジネス」が広く使用されるようになる。

この用語は，歓待精神や他者に対する行動規範としてのホスピタリティの実践にかかわる業務を意味したものではなく，サービスに関する業種・業態の新しい"まとめ方"を示したものであり，次の説明はその代表的なものである。

「ホスピタリティ・ビジネスに何が含まれるのかについては一致した見解が認められないが，この用語自体は広く認知されている。」

(J. Jafari 編 *Encyclopedia of Totuism*. 1996. の中での A. Lookwood による Hospitality に関する説明より)

ホスピタリティ・ビジネスの用語は，日本においても1990年代以降，一般に用いられており，宿泊業・飲食業を併せて称することが多いが，これにリゾートならびに娯楽に関連したビジネスを含める場合もある。筆者自身は，サービス理論研究の視点から「人的応対を不可欠な要素とするサービス業」と位置づけ，サービス形態のひとつとして説明しており，ホスピタリティそのものと，ホスピタリティ・ビジネスとは異質のものとする立場をとっている。

サービス業の一分野を称したものとして「ホスピタリティ・ビジネス」が用いられる場合も，原義であるホスピタリティそのものについてはほとんど説明されてはおらず，したがって，ホスピタリティにかかわるビジネスという意味

は明確化されてはいない。アメリカのコトラー（P. Kotler）らは，ホスピタリティ・ビジネスを扱ったマーケティング・テキスト(*)を公刊しているが，その中でもホスピタリティの意味は全く説明されてはおらず，宿泊・飲食業等の業種の総称として「ホスピタリティ」を用いているに過ぎない。

* （P. Kotler 他著・ホスピタリティ・ビジネス研究会訳『ホスピタリティと観光のマーケティング』，東海大学出版会，1997年）

なお，現代のアメリカ語においては，ホスピタリティは，その後にビジネスの語をつけなくてもホスピタリティ・ビジネスを意味する場合があり，そのことは観光に相当する Tourism が観光事象を意味するとともに Tourist Business（観光事業）の意味を併せもっているのと同様であり，また，観光関連学科等の名称として観光・ホスピタリティを並置している場合も領域を示したものであって，ホスピタリティの概念を追及するといった意味はとくにもっていない。

＊ ビジネス用語としてのホスピタリティ

曖昧な説明が多くみられる中にあって，稲垣勉は現代ビジネス用語としてのホスピタリティを，その用語法上の特徴に着目して次のように説明している。

①他者を歓待し，もてなすことを意味する抽象概念であり，その前提には商品化された"ホスト―ゲスト関係"がある．

②歓待・もてなしを行うための「場所」の意味に転用されており，（ホテル内の）もてなし・小レセプションに使用されるスペースを指す．

（長谷政弘編『観光学辞典』，1997年．同文舘，〈ホスピタリティについての説明より〉）

①において，"本来的意味"についてふれたうえで，現代ビジネス用語としてのホスピタリティは，提供者による"仕事としての応対"であるとし，原義とはかかわりのない，ひとつのビジネス行為と説明している。また②として，ホテル業界用語を紹介しており，"対応施設"の系譜につながる用語法が存続していることを明らかにしている。この説明は，ビジネス用語としてのホスピ

タリティが，歓待精神や行動規範を意味していた原義とは全く異なる意味と用法をもっていることを的確に指摘したものとなっている。

❸ 乱用・誤用される「ホスピタリティ」

1) ホスピタリティを「利用者対応行為」として用いていること

　サービスに関する業種・業態を，接客応対の適否が重視されるという共通性に基づいて，それらを総称して「ホスピタリティ・ビジネス」として扱うこと自体が問題なのではない。それは本来の意味のホスピタリティとは直接かかわりのない，純然たるビジネス用語なのであり，価値的意味を含むものではないからである。問題なのは，ホスピタリティを接客にかかわる"ビジネス行為"として位置づけ，利用者に満足を与える応対の仕方を意味するものとして用いる傾向なのである。

　すでに明らかにしたように，歓待精神あるいは行動規範を意味するものとしてのホスピタリティの基本にあるのは「実践することそのものに価値がある」という"無償性の原理"である。後で「サービス理論」に関して説明するように，ホスピタリティをサービス形態分類と重ね合わせると，対象の個別性と人間的応対との組合わせを特徴とする"もてなし"の側面をもっているが，それは対象者（ゲスト側）が"もてなされた"と結果的に評価するものであって，行為主体（ホスト側）からみた場合は，対象の一般性（＝誰に対しても行うものであること）を基本とする"親切"の側面がより重要である。

　これに対して，ビジネス行為としての応対の仕方をホスピタリティと称する場合，その基本にあるのは「利用者に満足を与えるために配慮し行動する」ことを意図した"有償性の原理"であり，"従事者の心構え"として不特定多数に対する親切の側面はあるものの，具体的利用者に対しての「もてなし」の側面こそが重要である。そして，一人一人の利用者に丁寧に応対することの効果として，顧客満足の向上を意図しているのである。

　このように，"歓待精神"としてのホスピタリティを"ビジネス行為"の一

部に都合よく当てはめてしまい，無償性と有償性という両者の基本的に異なる性格を曖昧にしてしまっているのである。

2)「サービス」と「ホスピタリティ」を同義語とする誤り

「ホスピタリティ」の語が乱用される中で，従来からの「サービス」の語に代えて「ホスピタリティ」を用いるべきだとする主張する人も現われてくる。その論拠としているのは，サービスは〈利用者―提供者〉という立場的上下関係に基づいた概念であり，利用者―提供者が対等な関係にある現代のサービスとくに人的応対を必須の要素とするホスピタリティ・ビジネスにはおいてはふさわしくないとするものである。

しかしながら，「サービス」が近代以降に成立した，社会と個人にさまざまな便宜性・快適性を供与する活動を総称した経済用語であるのに対して，ホスピタリティは古代から現代へと続いてきた"人間としてのありかた"を意味したものなのである。その表記と表現は文化によってそれぞれに異なる面はあるものの行動規範を示した普遍性のある概念なのであり，両者が異なる次元にあることは明らかである。したがって，サービスをホスピタリティに置き換えることは不適当であるだけでなく，明らかな誤りなのである。

さらに問題なのは，ホスピタリティ・ビジネスにおける人的応対（当然のこととして有償性かつ他律的行為）に，無償性・自発性を基本的性格とするホスピタリティを当てはめようとしていることであり，明らかに不当な考え方であるといわなければならない。

一方において，利用者―提供者が対等な関係にある現代サービスにふさわしい言葉が必要であるとの主張には，それなりの意味があることも確かである。同様な事柄を意味する言葉が時代とともに代った例は他にもみられ，「職業」を意味する主たる英語は，（権力への）奉仕という意味を内包していた「サービス（Service）」が用いられていた時代から，生きていくための仕事（生業）を意味するものとしての「Trade」が併用されるようになり，近代社会の成立によって，さまざまに仕事の中から自分自身で適当と考えるものを選択すると

いう意味の「Occupation」へと移り変わってきている。しかし，現代においても，公務員に対しては国民に対する奉仕者という意味から「Service」の語が使われることがあり，また，多年にわたる訓練と経験が求められる職人仕事には「Trade」が用いられているように，完全に置き換えられているのではなく，それぞれ本来の語意をふまえて，より相応しいものが選択的に使用されていると考えるのが妥当なのである。

「ホスピタリティ・ビジネスでは利用者—提供者が対等な関係にある」と主張するが，売り手（提供者側）と買い手（利用者側）という立場の違いに基づく関係は常に厳然として存在しているのであり，同時に立場の違いとは異なる"人間と人間の関係"においては，ホスピタリティ・ビジネスに限らず対等なのである。しかし，仕事を離れた関係においては対等であることは，仕事においても対等であることを意味してはおらず，売り手と買い手にはそれぞれに異なる立場と役割があるのである。

このような関係性を無視して，「（したがって）そこではサービスではなくホスピタリティが提供されるのだ」とするのは，有償行為であるサービスに，ホスピタリティの言葉を導入することによって無償性の原理をに当てはめようとしているだけの誤った考え方である。歓待精神あるいは行動規範としてのホスピタリティの実践は，基本的に各人の自発性に基づくものであり，無償行為としてのホスピタリティの実践を他者（ここでは従業員）に一方的に要求するのが不適当であることは明らかである。

たとえ自分たちが行っている業務を，（業態として）ホスピタリティ・ビジネスと称していたとしても，サービス業としての利用者に対する接客行為は，すべて利用者から金銭を授受して行われている有償行為なのであり，従業員の応対の適否は当然それに含まれており，不適当な行為がみられる場合は経営体に対するクレームの対象となるのである。

3）　短絡的な用語法

観光分野においても，ホスピタリティの語はさまざまに乱用・誤用されてい

る。その代表的なものは，観光者が行動の過程においてなんらかの不満を感じた場合，その原因をホスト側のホスピタリティ不足に求めるものである。

　観光における不満は，利便性の欠如，十分な快適性が得られなかったことをはじめ，さまざまな理由によって生じている。期待と実際とのギャップが主たる理由であるが，観光者自身に求められる"応分な協力"を怠っていたことが原因となっている場合も少なくない〈→ 第10章2節参照〉。

　このような事情について考慮することなく，結果としての不満の原因・理由をホスト側のホスピタリティの欠如に求め，ホスピタリティがあれば不満は生じなかったはずとするのは非論理的な短絡的思考そのものであるが，実際にはこのような誤った表現が多くみられる。

＊　不満の原因をすべてホスピタリティ不足に

　日本における観光の現状等についてまとめられた，ある旅行作家によるエッセー集は「利用客が望む観光のもてなし」と題して行われた旅行業関係者の講演を収録し，その内容を紹介している。講演者は，ホスピタリティ・マインドのあるもてなしの必要性を指摘し，悪しき例として「朝食を告げる館内放送」をあげている。しかし，館内放送をすることとホスピタリティ・マインドとの因果関係について全く説明しておらず，個人的好みの問題をホスピタリティに強引に結びつけているのである。

　「朝食を告げる館内放送」の実施は，ホスピタリティとはかかわりない純然たるサービス体制の問題である。団体旅行者を主たる利用者としていた時代には，宴会そして朝食の準備が整ったことを館内放送を通して行うことは大規模旅館ではよくみられたものであって，放送の対象となっていた団体客にとっては，有用なメッセージとして歓迎されていたといってもよい。もとより当時においても，個人客にとっては無関係なノイズであり，不快を覚える人もいたものと思われるが，当時は個人客の要望は無視・軽視されていたのである。

　旅行形態が団体から個人に移るとともに，このような案内の仕方は否定されるようになり，個人客の占める割合が多くなっているにもかかわらず，現在も継

続されていたとすれば，悪しき慣行を踏襲している経営であり，利用者の反発を招くのも当然である。しかし，そのことをホスピタリティ・マインドと関係させるのはきわめて非論理的である。

　この講演にみられるように，観光者が結果的に感じた不満の原因を，短絡的にホスピタリティ（の不足）に求めてしまう傾向があり，心地好い響きのある"暖かみのある応対"を意味するものとして，ホスピタリティの語が乱用されている風潮がみられるのである。

4) 混用されるホスピタリティ

　ホスピタリティの語を，歓待精神（無償行為）としての意味とビジネス用語（有償行為）としての意味とを混用する傾向は観光政策レベルにおいてもみられる。「運輸政策審議会答申（1991）」は観光振興方策に関する部分において「地域全体が一丸となって，もてなしの心を育み，サービスの向上に取組むことが，地域の観光振興を図る上で効果的である」と述べているが，ここでいう"もてなしの心"が自発的な無償行為としてのホスピタリティを示すものとして用いられていることは明らかである。しかしその後，観光立国への戦略指針として策定された「観光政策審議会答申（1995）」では「わが国は，ものづくりの面で長年蓄積してきた貴重な経験を新しい環境において再活性化させる一方，"ホスピタリティ産業のような新しい産業（英文：new industry such as toutism)"の発展で国民にゆとりと活力を与えることが期待されている（答申Ⅰ-2より）」とし，さらに「観光産業は"ホスピタリティを売る産業"（英文：The toutism industry is an industry which sells hospitality)"である（答申Ⅱ-3より）」と述べており，ここでのホスピタリティはビジネス用語として有償行為の意味で用いられている。

　このように，ある場合には"来訪者を迎える歓待の気持ち"を意味するものとして，またある場面では"ひとつのビジネス"を意味するものとして，ホスピタリティの語が無原則に，あるいは意図的に混用されているのである。

[5) 区別して用いる必要性]

　ビジネス用語としてのホスピタリティは，他者一般を歓待するものとしてのホスピタリティとは明らかに異なる意味で用いられている。有償のビジネス活動の一環として行われている活動は，対人的応対を含めて，すべてはサービスと称するの相応しいのである。

　問題とすべきは，提供者側が利用者に対する責任行為（＝有償性行為）の一部として，それが実践されるような制度的環境を整え，さらに確実に遂行するために必要な知識と技術を与えるという責任を果たしていない傾向がみられることである。そしてまた，直接利用者に対応する従業員たちに，利用者それぞれから"暖かみのある応対"として評価されるように努力することを"無償の付加的行為"として位置づけて期待し，場合によっては強要する傾向がみられることである。さらに，有償性行為を無償性行為と誤認し，さらにそれを当然視する風潮とあいまって，不適当な個人的対応（パーソナルケア）が要求される傾向が拡大しつつあり，医療・福祉分野では「感情労働（Commercialization of Human Feeling）」と称されている。利用者からの不当な期待と要求をめぐる同様な問題は，旅行添乗員業務や航空機客室乗務員業務などにも増加しているとされる。

＊　明確な区別が必要

　「ホスピタリティ」の語が意味的に曖昧なまま用いられ，とくにビジネス用語として意図的に誤用されている最大の理由は，機能的で事務的（あるいはマニュアル化されたものとしての）意味合いが強くなっている「サービス」に代えて，より人間味が感じやすい新たな言葉が求められたことにある。そしてそのことが，人間性の発露であるところの，他者に対する愛といたわりの精神までを商品化したり，当然の義務を意味するものとして用いられたりするという状況を生んでいるのである。

　「ホスピタリティ」の語は"歓待精神・行動規範"を意味する場合と，ビジネス用語としての場合とを明確に区別する必要があり，「ホスピタリティ」は

前者の意味においてのみ用いるべきである。後者の代表的用例である「ホスピタリティ・ビジネス」は"ひとつの業種"を称したものであり，とくに問題はないものの，そこでの具体的行為はホスピタリティではなく「〜におけるサービス」の表現をとることによって，その性格をより明確化することに役立つものと考えられるのである。

II

「サービス理論」と観光

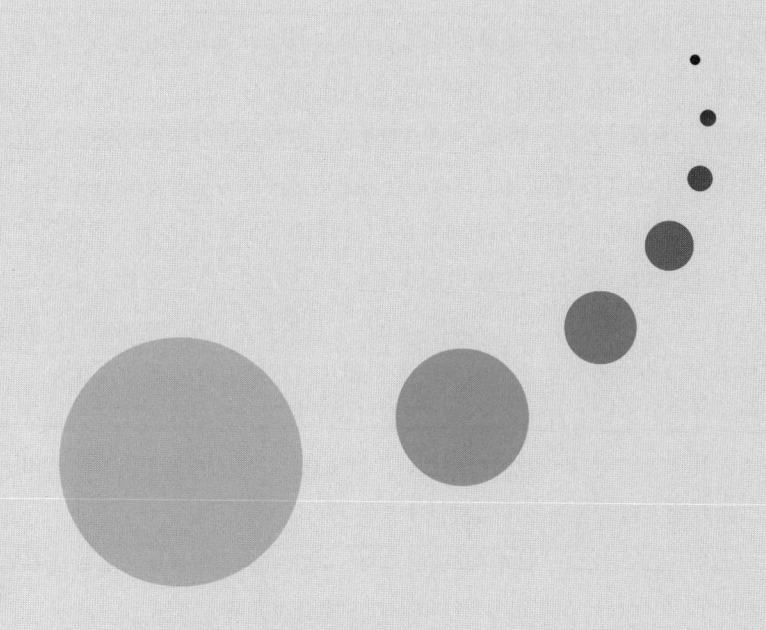

第3章 サービスの構造

❶ サービスの一般的意味

1）「サービス」についての一般的説明

　現代の国語辞典は，サービスを「奉仕，勤め，給仕（すること），（客に対する）もてなし，公益事業のこと」と説明しており，仕事そのものを意味するとともに，客（利用者）に対する対応という，やや性格の異なる意味を併せもっている。

　英語での「Service（名詞の場合）」も，「供給および供給の仕組み，事業，施設，勤務，（公共的な）業務・職員」などの仕事あるいは"はたらき"を意味する面と，「貢献，奉仕，援助，（客に対する）応対および応対の仕方」など，客（利用者）に対する対応およびその仕方という"やり方"を意味する面とをもっている（動詞として用いられる場合もほぼ同様である）。なお，英語の「Service」には，これらとはやや性格を異にするものとして，「宗教上の儀式，神に仕えることそのもの」という意味があり，日本でもクリスマス時期に教会等の関係者が「ろうそく」を点し，平安を願って近隣を回る行事は「キャンドル・サービス」といわれているが，これは例外的な用法であり，宗教儀式をサービスと称することは一般的ではない。飲食店（とくに喫茶店）が午前中の来店客に飲み物と軽食をセットで提供することを「モーニングサービス」と呼ぶことがあるが，これは"日本製英語"であって，一部のキリスト教徒からは"朝の礼拝"が行われることと受け取られる場合がある。

2）経済用語としての意味と行為としての分類

　サービスは広義の経済行為であり，経済学用語としては，「用役」の語があ

てられており，労働力，土地，資本財のように生産に必要な要素の"はたらき"および耐久消費財のように消費に有用な物財の"はたらき"を意味しており，「財・サービス」として用いられることが多い。また，物財生産（いわゆるモノづくり）ではなく，流通，金融，知識や情報の提供，個人および世帯・事業所・機関等にさまざまな用役（利便と快適さを与えるはたらき）の提供を行っている産業は「サービス産業」と総称されている。

後述するように，サービスにはさまざまな事業が含まれており，人間が直接関与する度合いにはかなりの差異があるが，人間が担い手であることは共通している。サービスをどのような人間行為であるかによってタイプ分けすると，第1に，純然たる人間行為として行われるもの（物財の供与を伴わないもの）があり，「直接的サービス」と称することができる。専門的知識によって相談に応じたり，助言を与えたりする弁護士やカウンセラーなどをはじめ，ハウスメイドなどの個人サービスにあたる人やタクシー運転手などの交通事業従事者もこれに該当している。

第2に，物財の供与に必然的に伴う人間的行為として行われるものがあり，「基本的サービス」と称され，物品販売業ならびに飲食業に従事している人はすべてこのタイプである。そして第3として，物財供与に選択的に伴う人間的行為として行われるものがあり，前者との対比において，「付随的サービス」と称することができる。"応対の適否"として取り上げられることが最も多いのは，実はこの「付随的サービス」に関してのものなのである。

以上のような一般的説明をふまえて，サービスの構造と評価の仕組みについて順次分析を加えていくこととする。

❷ 評価対象となる「サービス」を構成するもの

1）「機能的サービス」と「情緒的サービス」

一般消費者が利用し，「よい」「わるい」という個人的評価の対象となっているサービスはすべて，機能的側面と情緒的側面の2つの側面をもっている。機

能的側面とは，客観的に認知することができる"はたらき（なんらかの便益の供与）"を意味しており，この側面を中心とするサービスを『機能的サービス（Functional Service）』と称する。

これに対し情緒的側面とは，サービスの"やりかた（具体的提供の仕方）"に関するものであり，その中心となっているのはそれぞれの利用者に対する提供当事者の人的対応で，一般性のある"はたらき"の側面とは違い，どのような"やりかた"を「よい」と感じるか「わるい」と思うかは個人差や状況差があり，何をもってサービスとみるかについても個々人による差異がある側面である。このような側面を中心としたサービスを『情緒的サービス（Emotional Service）』と称して区別する。

評価対象となる「サービス」は，機能的側面と情緒的側面の２つの側面から構成されていると想定するのが，著者の「サービス理論」の根幹となっている考え方である。

2）サービス事業のタイプ

一般に人びとが利用しているサービス事業は，機能的側面と情緒的側面の２つの側面の組み合わせから，３つのタイプに大別することが可能である。

①もっぱら機能的側面によって便益供与を行っている事業
②機能的側面と情緒的側面の両面によって便益供与を行っている事業
③もっぱら情緒的側面によって便益供与を行っている事業

（なお，提供者側が利用者の実質的・経済的利得を強調して，「サービス商品」「サービス価格」といった言葉が用いられることがある。この用法は，タイプとしては①とほぼ同様なものであるが，基本的に用語法の一種であると考えられるので，これについては用語法分析の中で改めて扱うこととする。）

機能的側面での便益の供与を行っているのが一般的な意味でのサービス事業であり，客観的に認めることのできるなんらかの便益を有料で提供しており，提供している便益（はたらき）がどのような種類のものであるかによって，交通サービス・通信サービス・飲食サービス・宿泊サービス・金融サービス・医

療サービスなどに分類することができる。①〜③のタイプは，それぞれ次のように説明することができる。

●「タイプ①」…………"便利・不便の評価対象"●

　サービス事業の中で，このタイプつまりもっぱら機能的側面での便益供与を行っている代表的なものは，電気・ガスなどの公益サービス事業であり，また，交通サービスは基本的にこれに類似した性格をもっている。評価に関した用語例をみると，これらが提供しているサービスに対して「サービスがよい（わるい）」と表現することは日常的には少なく，提供している機能性（はたらき）そのものを評価するものとしての"便利・不便"の言葉が多く用いられている。その理由として，このタイプの事業が提供しているサービスの場合，利用者各人が受ける効用にほとんど差がなく，さらに利用の有無にかかわらず，"客観的に存在するもの（サービスが提供されている）"と受けとめられていることがあげられる。提供される便益の価値は普遍性が高く，「よい・わるい」という個別的判定よりも一般性に対する評価が優先されているのである。交通サービス・通信サービス・医療サービスなどは，それぞれ程度の差はあるが，このタイプのサービス事業として共通する性格をもっている。

●「タイプ③」…………"個人差のある総合評価"●

　タイプ①の対極に位置する情緒的側面を中心とする事業についてみると，この場合も「サービスがよい（わるい）」が言葉として用いられることは少ないのである。その理由は，このタイプのサービス事業の典型としてあげられるバー・クラブなどの接客サービス業にみられるように，利用者（客）への直接的応対そのものが事業の主たる活動であり，それ以外に客観的に認めうる便益の供与は，ほととんど存在しないからである。したがって，"やりかた"が"はたらき"そのものなのであり，提供者側の応対がわるかった場合（正確には，個々の利用者が客としての自分への応対がよくなかったと感じら

れた場合）には，応対者さらには店等の事業そのものが，よくなかったと評価されるのであり，"よい・わるい"よりも"好き・きらい"の判定に近づくことになる。

このタイプにおいては，サービスに対する評価は同時に"個人差のある総合評価"となりうるのであり，宿泊サービス・飲食サービスなどは，基本的にこのタイプとしての性格を有している。

「タイプ②」………"よい・わるいというサービス評価の対象"

機能的側面中心・情緒的側面中心の場合ともに，それぞれ異る意味において，「よい・わるい」という言葉は用いられにくいのであり，このことは，「よい・わるい」の評価対象となっているサービスとは，「タイプ②」つまり"機能的側面と情緒的側面とを組み合わせて便益提供を行っている事業"の場合であることを推測させている。

サービスの"よい・わるい"という評価が，機能的側面と情緒的側面とが組み合わされている場合に生じるということは，評価対象となるサービスは，ある程度以上の客観性あるいは安定性をもった機能的側面での便益の供与（はたらきのサービス）を伴っていなければならないことを意味している。それはいずれかの種類の便益供与を購入するという対価性の条件からみても当然のことであって，必要とされるはたらきがなければ，購入（利用）対象となるサービスとはなりえない。重要なのは，機能的サービスだけでは"よい・わるい"という評価がなされにくいという点であり，そこに組み合わされる情緒的サービス（やりかたのサービス）が重要な意味をもつのである。はたらきのサービスに対する判定が客観性を有しているのに対して，やりかたのサービスの判断主体は，利用者個々人であり，"自分のために提供された"と感じられることが大前提である。したがって，"よい"と感じられるためには，機能的側面と情緒的側面の両面が組み合わされていることが必須の条件であり，利用したサービスが，不便ではなく，また不快ではなかったとしても，自分のために提供さ

れたものと感じられない場合には，"よいサービス"であったとの評価は生じにくいのである。

❸ サービスの「基本タイプ」

1) 2側面の組み合わせ

評価の対象となるサービスは，機能的側面と情緒的側面とが組み合わされたものであるが，では組み合わせを規定している条件とは何であろうか。

一般消費者が利用するサービスは，業種によって提供されるサービスの性格はそれぞれに異なり，「はたらきのサービス」と「やりかたのサービス」のウェートが同様ではないことは経験的にも明らかである。

一般に，情緒的サービスの割合が最も高いと考えられるのは，利用するか否か・どこを利用するかについての選択の自由度の大きい料飲サービス業（バー・クラブ，料亭を含む）である。飲食物提供を中心とする一般の飲食サービス業や宿泊サービスなども利用者に対する情緒的サービスのウェートの高い業種であるが，バー・クラブなどに比較すると，機能的サービスの割合もかなり大きくなっている。一方，物品販売を中心とする流通サービスは一般に機能的サービスの方が大きく，金融サービス，交通サービスなどは，さらに機能的サービス中心である〈図1〉。

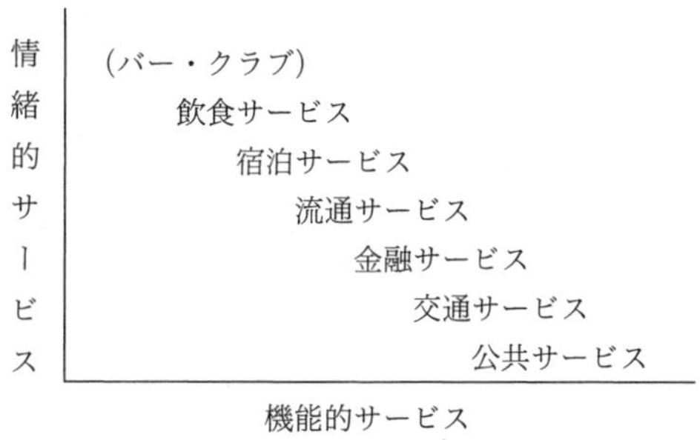

```
情		(バー・クラブ)
緒		　飲食サービス
的		　　宿泊サービス
サ		　　　流通サービス
ー		　　　　金融サービス
ビ		　　　　　交通サービス
ス		　　　　　　公共サービス
		機能的サービス
```

図 1 業種による組み合わせの違い

しかし，これらはあくまでも業種ごとの一般的位置づけであって，同じ業種であってもかなりの差異がある。たとえば，宿泊サービスには，機能的サービスを基調とする"ホテル型"から，情緒的サービスを特徴とする"旅館型"までのさまざまのタイプが含まれている。交通サービスが他業種に比較すると機

```
┌─────────────────────┐   ┌─────────────────────┐
│情緒的サービス  ／    │   │情緒的サービス    ／  │
│        ／           │   │          ／         │
│      ／ 機能的サービス│   │        ／ 機能的サービス│
└─────────────────────┘   └─────────────────────┘
 (旅館型) ─────── (ホテル型)   (ハイヤー/タクシー)
 (リゾート型) ─── (シティ型)                ── (バス・電車)
   〈宿泊サービスの場合〉        〈交通サービスの場合〉
```

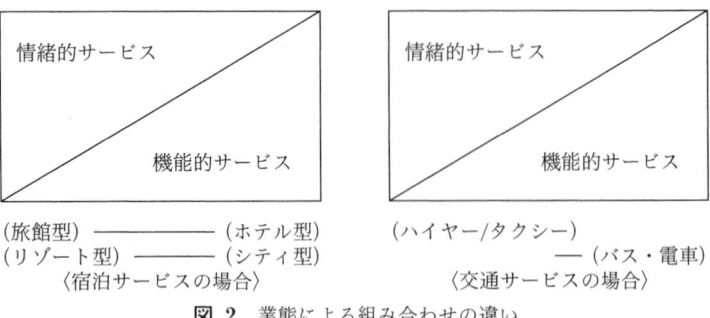

図 2　業態による組み合わせの違い

能的サービス優位であることは確かであるが，その中にもハイヤー・タクシー，観光バスなど相対的に情緒的サービスのウェートの高い業態も多く含まれている〈図2〉。

業種的にみると，サービス向上に最も積極的に取り組んでいるのは，洋の東西を問わず情緒的サービスのウェートの高い業界である。それは，利用者がどこを利用するかを自由に選ぶことができる業種・業態だからであり，よいサービスを提供することが選択の大きな条件となってきたからである。

2)　「組み合わせ」を規定する条件

　機能的サービスと情緒的サービスの組み合わせの度合が，業種・業態によってそれぞれ異なっていることは一般に認められる事実である。しかし，それは業種・業態としての"サービス提供の条件"にある程度の共通性があるということの結果なのであって，業種・業態の違いが組み合わせを規定する基本的・本質的条件であるとみるのは適当ではない。対人接触場面がごく限られているビジネスホテルと客室係員の応対を特徴とする日本旅館とでは，同じ宿泊サービス業に含まれるとしても，サービス提供の条件が大きく異なることは明らかである。また，日常生活品を中心として多くの人びとを対象としているスーパーマーケットと，高価な趣味的商品を特定顧客を対象に販売している専門小売店との違いも同様であって，専門小売店におけるサービス提供の条件は，むしろ高級な飲食業や旅館により近いものと考えられるのである。

「組み合わせ」を規定している"サービス提供の条件"は，基本的に次の4点にあると考えられる。

　①**利用者の数**：どのような人（たち）がサービスを利用しているのか，どのような人たちを対象としてサービスを提供しているのかという利用者の条件。

　②**利用頻度**：利用者は日常的に利用するのか，まれに利用するのか，提供者が対象としているのは頻繁に利用する人なのか，たまにしか利用しない人なのかという利用頻度の条件。

　③**利用・選択の自由度**（随意性）：利用者は利用するかしないか，また，どれを（どこを）利用するのかを自由に選択できるか（同様なサービスを提供している競争者がいるか）という選択性の条件。

　④**利用**（提供）**時の対人接触度**：サービス利用時における対人接触の程度（サービス提供において人が直接かかわる度合）という人的応対の条件。

　①の「利用者の数」の条件としては，利用者が多く，とくに不特定な場合，サービス提供にあたっては"やりかた"よりも基本的な"はたらき"を前面におくことが求められる。同様に，②の「利用頻度」の条件においては，多くの人たちに日常的に利用されているサービスは当然のこととして，利用者から共通して認められる"一般性のあるはたらき"が重視されることになる。しかし，同じサービスであったとしても，それをたまにしか利用しない人の場合には，その"やりかた"に対しても関心が寄せられることが多く，評価の構造もやや異なってくるのであり，公共交通機関の乗務員や駅員の行為に対する苦情は，利用頻度の少ない人からより多く寄せられていることが認められている。

　③の「利用・選択の自由度」が低い場合，利用者は必要に応じて，特定サービスを利用せざるをえないのであり，評価とはかかわりなく再利用されることになる。行政サービスをはじめ公共サービスはこのような条件を基本的にもっており，提供者側がサービスを改善・向上することへの意欲が低くなる理由ともなっている。また，時間や立地などの条件によって需要が急増する場合も，

利用・選択の自由度は極端に低くなることになる。これに対して、同様なサービスを提供している事業が複数あり、その中から自由に選択することができる場合は、サービスの"よい・わるい"についての利用者の関心が高まりやすく、とくに、"やりかた"の適否が全体評価に直接影響を与えることになる。

④の「利用・提供時の対人接触度」は、サービスの性格に直接関係する条件であり、対人接触度が高い（あるいは長時間にわたって継続する）場合には、人的応対を通してサービスの"やりかた"が利用者に直接に示され、その適否によって"よい・わるい"の評価が形成されやすくなる。「自分のために何かをしてくれた」と感じられることは"よいサービス"であるとの評価に関係しており、対人的応対はその意味からも、サービス評価に影響を与える。しかしそれは、プラス評価だけではなく、マイナス評価をつくる場合もありうることを意味しており、"感じのわるい応対"は強い不満感を抱かせることになる。

これに対し、対人接触度が低い（あるいはごく短時間だけ）場合には"やりかた"が人を通して具体的に示される度合が少なく、また、時間的に限定されているので、人的応対があったとしても、全体としてのはたらきの一部分として位置づけられるため、強い印象とはなりにくい。いわゆる「マニュアル」に従って行われていると感じられる人的サービスが、悪い評価とはならないとしても、"よい印象"とはなりにくいのは、自然さがなく、"はたらきの一部"として受けとられやすいことに原因がある。

3) 提供条件と「サービスの基本タイプ」

機能的サービスと情緒的サービスとの組み合わせを基本的に規定している4つの条件によって「サービスの基本タイプ」がつくられている。

4つの条件と「サービスの基本タイプ」との関係を、最も典型的な例について対称的に示せば次の通りである〈表1〉。

（なお、16パターンそれぞれについての事業例は、5章〈表5〉参照）

一般に、多くの利用者が日常的に利用し、利用時における人的接触が短いという条件をもつサービスの基本的性格は「機能性優位型」であり、その反対に

表1　サービス提供に関する「条件」と「サービスの基本タイプ」

サービス提供における"諸条件"				サービスの基本タイプ	利用客からの反応・評価
利用者の数（タイプ）	利用頻度（日常的利用の度合）	利用・選択の自由度（随意性）	利用(提供)時の対人接触度		
不特定多数 ｜ ｜ ｜ 特定少数	高い ｜ ｜ ｜ 低い	低い ｜ ｜ ｜ 高い	低い （短時間） ｜ 高い （長時間）	機能性優位 情緒性優位	プラス・マイナスとも少ない ｜ プラス・マイナスとも多い

　利用者が限られていたり，たまに利用するものであったり，利用時における人的接触の度合が高いサービスの基本的性格は「情緒性優位型」となる。

　利用・選択の自由度の低いサービスは一般に機能性優位型となり，それは自由度の低いサービスの基本的な特徴である"多くの人が利用する（利用せざるをえない）"ことが強くかかわっている。

　機能性優位型か情緒性優位型かという「サービスの基本タイプ」に最も強い影響を与えているのは，利用・提供時の対人接触度である。利用者の数・利用の頻度・選択の自由度の3条件がほぼ同じの場合であっても，対人接触度の条件によって，サービスの性格はかなり異なってくる。電車・バスなどの公共交通機関利用と行政サービスにおいて窓口相談をする場合とを比較すると，前者がほとんど"はたらきのサービス"であるのに対して，後者においては当事者の対応のしかた，つまり"やりかたのサービス"の適否がサービス全体の評価に影響を与えている。流通サービスにおけるスーパー型と百貨店型の違いをつくっているのも同様であって，百貨店においては従業員の個々の利用客への対応のしかたの適否が，スーパーの場合よりもはるかにサービス全体の評価に関係しているのである。それは対面販売を基本とすることによって，必然的に対人接触の機会と時間があることに起因している。

　不特定多数が利用者で，利用頻度が一般に低く，選択の自由度が高いサービスの例としてあげられる遊園地と，観光地において利用する物販・飲食業とを

比較すると,同様に対人接触度条件によってサービスの性格は異なってくる。前者は,一般に装置産業型であり,従事者の対応の適否が当該施設全体に対する評価に結びつく例が多いとはいえず,従事者にも非正規従業員があてられていることが多い。これに対して後者は,従事者側が利用者（＝観光者）に会話しながら対応するのが一般にみられる営業スタイルであって,ある程度連続した対人接触があることが基本となっている。これらの従事者個々の対応が"感じのよさ""親切さ"として観光者に評価され,旅行全体に対する満足感を形成する要因となっている場合が多く,そこには見知らぬ土地を一時的に訪れた観光者特有の心理も大きく影響している。逆にいえば,不適切な対応は観光地を訪れる人びと（利用者）から"感じのわるさ""不親切さ"として批判の対象となるのであり,対人接触度が"やりかたのサービス"に密接にかかわっていることを示している。

＊　ホテル型と旅館型

利用者は限定されており,利用頻度は一般に低く,選択の自由度が高いことを特徴とする宿泊サービスの中においても,ホテル型と旅館型の違いを基本的につくっているのは対人接触度条件である。利用者数や日常的利用の度合は,当然のこととして対人接触度に影響を与えており,とくに利用者が不特定多数の場合には,利用者ひとりあたりの接触時間・機会が制限・限定されることになるが,それらが直ちに対人接触度のすべてを規定してしまうわけではない。従業員がさまざまな部門に配置され,それぞれが担当する職務を通して部分的に利用者に対応することを基本とするホテル型と,特定従業員が担当者としてさまざまな仕事によって連続的に利用者に対応する傾向のある旅館型との違いに典型的にみられるように,それぞれの業態における対人接触の"やりかた"によっても基本的性格は異なってくるのである。

サービス提供の条件と基本タイプとの関係分析は,同様な業種・業態であったとしても,提供の条件が違えばサービスの基本タイプが異なることを示しており,また,事業体がどのようなサービス提供をめざすかによって,それを具

体化するためには提供条件の整備が必要なことを意味している。

重要なのは,「サービスの基本タイプ」によって,利用者の反応や評価が異なるという点である。機能性優位型サービスは,期待されている"利便さ"などがやや不十分な場合であっても,許容できる範囲内であると思われるかぎりは,若干の不平は生じるとしても"強い不満"には結びつきにくいのであり,その一方において,提供されているサービスは一般性・普遍性をもっているために,日常的状況においては"強い満足"の感覚も生じにくいことになる。

これに対して,情緒性優位型サービスは一般に非日常的利用であり,人的応対を伴っているために"満足"を感じやすいとともに,不適切な人的応対に対する"不満・不快"や期待が満たされなかったことによる"失望"もまた生じやすいのである。

❹ 「個別化」の理論

1) サービス評価における「個別化」

自分に対して相手が,きちんと応対してくれたと感じられるか否かは,対人評価に強く関係しており,きちんと応対してくれたと感じられる場合には相手に好感をもつのが一般的である。「対人認知」に関する研究によると,対応する際の姿勢・視線・表情(とくに笑顔)・話しかたなどが,印象形成に影響していることが認められている。

サービスの提供場面においても,(利用者である)自分のためにしてくれたと感じられることによって"よい"という感覚が生じるのであり,"自分のために (for me)"という感覚こそが"よい"という評価がなされるための必要条件なのである。"自分のためにしてくれた"という感覚が生じにくい場合には,"わるい"とは感じないとしても,普通(とくによいとは思わない)の範囲に含まれることになり,"よい"という評価には結びつきにくいである。

したがって,サービス提供側が利用者より"よい"という評価を得ようとするならば,対象(利用者)を,それぞれ"個別なもの"として対応することが

まず求められるのであり，"それぞれの人のために行うこと (for you)"が必要とされる。レストランなどにおいて，コップ1杯の水を出す場合であっても，それぞれの客の方に向いた姿勢をとって丁寧に行ったということが，よいという評価感覚の生じる源泉なのである。同じような行為であったとしても，自分に向けてやってくれたとは感じられない場合には，仕事の一部として水を運んでくれただけと受けとめられやすいのであり，少なくとも"よい"という評価には結びつかない。流通サービス業における商品販売の場面においても，購入予定者である自分に丁寧に応対し，自分が購入しようとしている商品，さらに購入することを決めた商品を丁寧に扱ってくれたか否かという判断によって，"よい・わるい"という印象がつくられやすいのである。

* **個別化の重要性**

対象者一人一人を"独立した人格"として理解し，それぞれに対して個別に対応することは「個別化 (Individualizing)」と称されるが，サービス利用場面においては，"利用客である自分に対してどのようにしてくれたか"は大きな関心事であり，いかに個別化されたかが全体評価に強く影響を与えている。

サービスの中には，活動・仕組みの"あり・なし"だけで評価されることが多いタイプもあるが〈→**第4章参照**〉，多くの場合は"あり・なし"とともに"やりかたの適否"も評価対象となっており，それは機能的サービスと情緒的サービスとによってサービスが成立していることと同様である。"やりかた"に対する評価とは，基本的に利用者である"自分に対するやりかた"についての評価なのであり，"自分が個別に扱われたか否か"が最大のポイントとなっている。したがって，"やりかた"が評価対象となるサービスにおいては，利用者に対する個別化がどのように行われるかは，全体としての評価に密接に関係しているのであって，"個別化の適否"は同時に"やりかたの適否"となっているのである。

個別化がとくに重視されるのは，「サービスの基本的性格」に関する区分での「情緒性優位型」である。個別化することに直接関係している"提供時の対

人接触度が高い（長時間）こと"を，提供の条件としているサービス業は，それぞれの利用者に関心を集中した"個別な応対"をすることによって利用者の評価を得ようとしているのである。個別化の重要性は，「機能性優位型」にもあてはまり，機能的サービスが主体であるとしても，そこに組み合わされている情緒的サービスをいかに有効に活用するかが"よい"評価を得るためのポイントであることは同様であり，この部分を有効に活用できないと，機能性中心のサービスとして"便利・不便"の判定対象となってしまうことになる。しかし当然のことながら，個別化のための方法・手段は「情緒性優位型」の場合とはかなり異なっている。一般に不特定多数に対して，限られた時間内で対応するためには，個々の利用者に関心を集中することは困難であり，対応する動作や姿勢など言語によらない方法が重視されることが多くなる。

　個別化の適否がサービス評価全体に大きな影響を与えていることは確かであるが，サービス利用者が"特定の個人として扱われること"を望まない傾向がある状況や場面があることにも留意する必要がある。それは利用者がプライバシーが守られることを最重視している状況や関係者から個人的に注目されることを忌避している場面であり，個別化されることよりも"大勢の中のひとり"として扱われることを期待しているのである。〈→第5章5節参照〉

2）「個別化」の基礎理論

　人間が自分を"ひとつの個"として認めてもらうことを求めるのは，多くの人びとに共通する欲求であると考えられる。マズロー（Maslow, A）の「欲求段階（階層）説」において，第4段階に位置づけられている「承認と尊敬の欲求」は，この"個別化を求める欲求"にほかならない。

　「承認と尊敬の欲求」は，第3段階の「社会的欲求（所属と愛情）」と第5段階（＝最終段階）の「自己実現の欲求」の間に位置づけられており，組織の一員としての満足をふまえ，個人としての満足を求めるものとして理解することができる。他者をそそれぞれ異なる人格として対応することは，このような欲求に応えた行為なのである。

しかし，この「承認と尊敬の欲求」は，「誰でもが・何時も」好ましい形で示しているとはいえず，成熟した行動として表われるとは限らない。他人の関心や注意を自分に集めようとして，未熟な行動や分裂的行動として示されたり，状況と適合しない行動が示される場合もあるが，それはまた"個別化すること・されること"がサービスの提供においてはもとより，対人関係の場面においてきわめて重要な関心事であることを示している。

また，個別化とは，対象となる人びとをそれぞれ"個"として認め，対応することであるが，それは"平等"と何ら相反するものではない。学校の教師が生徒の教育・指導を行うための第1ステップは，生徒それぞれの名前と顔とを覚えることであり，次に，学力・性格等を個々に理解することが大切である。同様に，管理者が部下を掌握し，管理・指導を効果的に行うための大前提は，個々人を理解することである。平等に扱うということは個別化の前提となるものであるが，それは不満を生じさせないために必要なのであり，ただちに満足感と結びつくものではないことに注意する必要がある。平等に扱われることが継続すれば，それは"普通のこと"となるのであって，不満ではないとしても満足を感じることではない。

3)「逆の個別化」

同様なサービスの利用者が他にもいる場面において，他者には丁寧（あるいは"にこやか"）であるにもかかわらず，自分に対してはぞんざい（あるいは冷淡）であると感じられる場合に，人びとは最も強い不満を感じる。それは，他の人びとに対しては，良好な個別対応が"ある"にもかかわらず，自分に対しては"ない"ということであり，強い不満だけでなく，怒りを覚える場合も少なくはない。このように，一方に"ある"にもかかわらず，一方に"ない"と感じられる個別化を，「逆の個別化（Negative Individualizing）」と称するのであり，サービス業とくに直接の対人応対を伴うサービス業においては厳に慎まなければならない対応である。

宿泊サービスとくに旅館型における苦情の発生理由として最も多くみられる

のは，「逆の個別化」によるものであり，他の客への応対との比較を通して抱いた差別感が不満を生じさせている。また，飲食サービスにおいては，注文した飲食物が運ばれる順番の公平・不公平や，店側の人の他の客と交わしている"うちとけた会話"などが，不快を感じさせる例は少なくない。

「逆の個別化」とは，個別対応の不均等や偏在が直接あるいは間接の原因となって，強い不満を感じる利用者をつくってしまったことを指した表現であって，利用者の条件によって対応が異なること一般を意味したものではない。利用者が常連客であるか新規客であるか，会員か非会員か，あるいは"大口顧客か一般客"などによって対応の仕組みが異なっていたとしても，利用者条件が同一ではないことが容易に理解でき，異なる窓口利用など，対応の場が異なる場合は，若干の違和感はあるとしても，強い不満には直結しにくい。

* 「逆の個別化」が問題となる状況

「逆の個別化」が問題となるのは，他者への応対を"利用者が相互に知ることができる場面"についてであり，利用者として同様な条件であると思われるのにもかかわらず，"やりかた（個別対応のしかた）"に違いが感じられ，不利な立場におかれたと感じた人が不満をもつことである。「寿司屋」のようにカウンター型の接客場面において，常連客と思われる客に丁寧な・親しげな応対を見せているにもかかわらず，新規客である自分には無愛想（に思える）対応をしたと感じられた場合は，強い不満が生じやすい。

"相互に知ることができない場面"では，異なる対応であったしても，それは「逆の個別化」とはされない。国際線旅客機において，飲食物等の機内サービスがファーストクラスとエコノミークラスとではかなり異なるのは，料金の違いによるサービス水準の違いであって「逆の個別化」とはされず，また客席間には仕切りがあり，相互にその細部を知りえない。しかし，同一クラスの中での客室乗務員（キャビンアテンダント）の応対が客によって異なる（と感じられる）場合には，それは「逆の個別化」に該当する。実際にも，ファーストクラスおよびビジネスクラス利用者から，「（他の客には丁寧だったが）自分には

そうでなかった」という苦情が寄せられることは決して少なくはない。

　誰もが個別化されないということが明らかであるために，快適ではないが強い不満感も生じにくいという状況がある。首都圏などの交通機関とくに通勤時の混雑状況は一般にきわめて不快であるが，すべての利用者が"平等に不快"であることが相互に理解されているため，不満が押さえられているのである。同様な理由によって，誰に対しても無愛想な係員の応対が，批判されながらも継続されているということも決して珍しいことではない。同じ交通機関であってもタクシーの場合には，乗客それぞれを個別化できる状況であると感じられるため，無愛想な応対に対して，利用者はそれぞれに不満を感じやすいのである。

　「個別化」と「逆の個別化」に共通していることは，対象（相手）を"大勢の中のひとり"として対応することの大切さであり，"その他大勢"として扱ってはならないということなのである。

4）サービス提供における「個別化」の考えかた

　個別化を論じるにあたって，まず考慮しなければならないのは利用者数の点ある。特定少数の場合には可能であっても，不特定多数の場合には困難であると一般に考えられている。しかし，利用者は個人であったとしても，さまざまな欲求や好みをもっており，時間や同行者によっても変化するなど，かなり多様であり，かつ不安定な対象である。したがって，人数が多いか少ないかにかかわりなく，すべての利用者に"それぞれ個別に対応する"という考えかたは理論的に無意味なだけではなく，非現実的でもある。

　さらに，サービスを提供する事業の主体性と責任をどう考えるかという問題がある。利用する客が求めるものに個別に応じることが，望ましいサービスであるとするならば，サービスは利用者本位のものであり，サービス事業は本質的に受動的性格の強いものとして位置づけられることになる。歴史的にみても，サービスの利用者が限られており，利用するためにはかなりの費用の支払いを必要としていた時代のサービスには，このような性格が強かったことは事

実である。しかし，現代のサービスは，国民の大多数が利用者であるとともに提供者でもあるという関係において提供・利用がなされている。したがって，現代のサービス事業は，基本的に提供者側の能動的活動として行われる必要があるのであり，個別化もまた"仕組み"としてなされる必要がある。個別化に関して，利用者側が求めているのは，自分を"その他大勢"としてではなく，それぞれに異なる客として対応してほしいということである。一方において，提供する側は，利用者側から"よい"という評価を得るためには，可能な限り利用者に対して個別に対応することが必要である。しかしそれは，利用者のすべて（すべての利用者のあらゆる利用のしかた）に対して，相手の好みに応じて個別的に対応することの他には方法がないということではない。

　この問題を解決するためには，提供者側はそれぞれの業種・業態，サービス提供の条件などに基づいて，"どのように・どの程度まで"の対応をするかについての方針をたてることが必要となる。それは，一般的なサービス水準を設定することであり，目標とする利用者層・利用形態（顧客ターゲット）の明確化を図ることと同様である。これらの諸条件をふまえて考案された，提供者側が不特定の利用者に対して，組織的・計画的に個別化を図る考え方，ならびにその基本的仕組みは「制度的個別化（Planned Individualization）」と称されるのであって，情報（とくに利用者の記念日など）を活用して，利用者に個別に応対する仕組みは，宿泊業をはじめ飲食業や流通業の一部にすでに採用されている。

　（制度的個別化論は，サービスの基礎理論に基づく経営管理論のひとつであるサービス・マネジメント論に関するものであるため，本稿ではふれずに，解説欄に参考文献を記載するにとどめた。）

❺　サービスの諸形態

1)　「サービスの基本タイプ」と対象性による形態

　サービスに対する評価は，利用者に対する個別的応対の適否と密接に関係し

ているが,「サービスの基本タイプ」が機能性と情緒性との組み合わせから構成されていることにも示されているように,すべてのサービスがただちに同様な個別志向性を有しているわけではない。利用する人数や利用頻度等の条件と「サービスの基本タイプ」の間に密接な関係があることはいうまでもないが,「誰に」「いかに」対応するのかという提供者側条件によっても実際に展開されるサービス提供の形態は異なってくる。

「サービスの基本タイプ」を横軸に,縦軸に対象者(利用者)に対する一般性・個別性という「対応の対象性」を縦軸にとると,サービスは次のように形態分類することができる〈図3〉。

一般に不特定多数を対象とするサービス提供条件においては,利用者個々人への個別的対応は困難であり,すべての利用者に対して同等に対応することが求められ,この場合にサービスの中心となるのは機能的側面である。したがって,多くの人に共通する利便性を重視した対応となり,機能性中心のサービスに対する"評価語"としては"便利・不便"が用いられやすいのである。しかし機能性優位型であっても,対象者への個別的対応を行うことは業種・業態によっては可能であり,機能的サービス(はたらき)の一部として物品を供与し

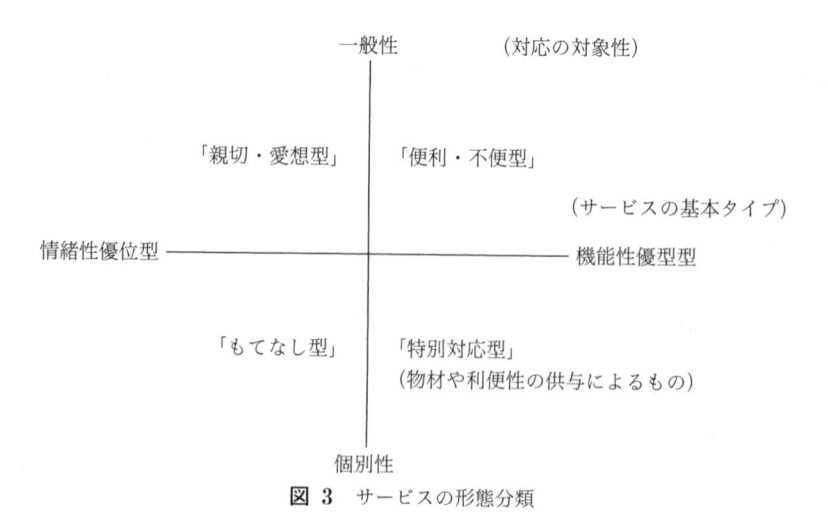

```
                 一般性      (対応の対象性)
                   │
                   │
      「親切・愛想型」│「便利・不便型」
                   │
                   │            (サービスの基本タイプ)
  情緒性優位型ーーーーーーーーーーー機能性優型型
                   │
                   │
      「もてなし型」 │「特別対応型」
                   │ (物材や利便性の供与によるもの)
                   │
                  個別性
```

図 3　サービスの形態分類

たり，特別な便宜を図る場合もある。これがサービス提供形態としての「特別対応型」として分類されるタイプである。

　これに対して，利用者への"対応のしかた"を重視した情緒性優位型は，基本的に利用者個々人との接触があることを前提とするが，接触する時間の長短ならびに接触する場面が日常的か非日常的であるのかなどによって，対象への一般性・個別性は当然異なってくる。サービスの形態としては，前者は「親切・愛想型」と称することができ，接客サービス全般に共通して求められている応対はこのタイプである。これに対して後者は「もてなし型」と称されるもので，情緒性を重視したサービスの典型と考えられているが，このタイプを直ちに"好ましいサービス"として位置づけるのは適当ではなく，対応のしかたとの組み合わせによって位置づけられる提供の一形態なのである。

2）「もてなし型」と「親切型」

　サービス理論において「もてなし」とは，サービスの提供形態における一分類であり，情緒性のウェートが高く，対象（利用者）個々への個別性を強めたサービスを称している。「もてなし」という言葉にはさまざまなニュアンスがあり，非営利的な個人的行為として相手を歓待することを意味して用いる場合もあるが，その意味と内容は基本的には同じである。「もてなし」に相当すると考えられる英語（Entertainment）が，「相手のことを心にかけること」を意味しているように，相手を理解し，配慮することが共通して求められている。

　一般の個人的行為としての場合には「満足」「感謝」が相手側の反応であるのに対して，サービス提供形態としての場合には，満足を通して「サービスのよさ」が評価されることを目的としている。個人的行為の場合もサービス提供の場合も，利用者と提供者との人間関係の時間的長さあるいは継続性が関係しており，それを有効に活用することが「もてなし」成立の基本条件である。利用者と提供者の接触時間の長短はサービスの基本タイプそのものにも関係しているが，同時に対応のしかたに影響を与える条件でもある。接触時間が長くなればさまざまな人間的行為が付随することになり，相互のコミュニケーション

量が増加し，利用者に関する新しい情報に基づいて"より適した対応"へと修正を図ることによって「もてなし型」の成立が可能となるのである。

一般に，利用者と提供者が直接的対応関係をもっているサービス提供においては，機能性と情緒性との組み合わせという段階を超えて，利用者個々人に向けた対応が求められるのであり，個別化理論からも理解されるように，よい評価を得るための基本的条件なのである。しかし機能性中心のサービスはもとより，情緒性のウェートが高いサービスであるとしても時間的条件から，「もてなし」が成立しえない状況があり，さらに利用者側が個別的対応を期待しない場合もある。このような場合に求められる対応形態が「親切型」であり，前述したように広い意味での接客サービスの基本とされるのはこの理由による。

サービス提供形態としての「親切型」とは，すべての利用者を快く受入れ，利用者の求めに積極的に応じようとする応対のしかたを意味しており，とくに対応するにあたっての姿勢・語法，歓迎・感謝に関する挨拶などを重視した応対である。「もてなし型」が"個別化すること"を重視したタイプであるとすれば，「親切型」は"逆の個別化をしないこと"を基本とし，限られた接触時間の中で，多くの人に対して感じのよい応対をすることをめざしたものといえるのである。

「親切型」はさらに広い範囲において求められる形態であって，「もてなし型」の成立条件が十分ではない場合はもとより，対人応対が部分的にせよ含まれるすべてのサービス提供場面において期待される対応の仕方である。それは大部分のサービスが，機能性とともに情緒性の側面を含んでおり，提供に携っている人間の行為を含んでいるからである。機能的側面を中心としたサービスに対しては「便利・不便」の評価語が用いられると説明したが，実際には機能性のウェートは高いとしても情緒性の要素も多少なりとも加味されていることが多く，提供されたサービスは，「便利（あるいは不便）＋親切（あるいは不親切）」の両面から評価対象とされているのである。

3） 対人応対の文化的背景

　日本社会の対人応対の背景にある生活文化を，見知らぬ人・初めて出会った人に対しても，感じのよい応対をすることを価値あること・当然のことと考える傾向の強い「親切文化型」とした場合，韓国社会は対比的に「もてなし文化型」と位置づけることができる。

　国や民族あるいは地方におけるサービスをめぐる問題を解くためには，生活文化および生活様式とサービス提供条件との関係を吟味する必要がある。韓国社会は，家族を中核とし，地縁・知縁へと広がる"同心円型人間関係"から構成されており，両親をはじめ，血縁者に対する「礼」を最重視する価値観に基づいており，その延長線上において，親しい人・お世話になった人・知っている人に対する「もてなし」が重視されることになる。そのことは一方では，よく知らない人・たまたま出会っただけの人に対する丁寧あるいは感じのよい応対つまり親切は，軽視されやすいことにもつながりやすいのであり，韓国の首都ソウルが"旅行者に不親切な都市ランキング"で上位にランクされたこともある（ビジネス旅行者を対象としたイギリスの旅行誌の1993年調査結果）。

＊「親切文化型」と「もてなし文化型」

　韓国の人びと，とくに接客対応に従事する人たちに笑顔が少なく，冷淡だと称されることがある。とくに接客サービスにおいては，相手側に関心を集中することを，故意に避ける傾向，視線を外してしまうなどを，現在でも見受けることがある。しかし，たまたま出会っただけの，見知らぬ人に対して，どのように対応すべきかは，それぞれ文化によって異なるのであり，（第1章3節でふれたように）韓国社会においては儒教的価値観の影響がみられるのである。

　韓国の人びとは無口で無愛想な面もあるものの，見知らぬ旅行者に対しても"個人としてかかわりをもった場合"には，親身になって親切な応対をしてくれる人の方がはるかに多いのであり，このことは多くの旅行者が経験的に感じいることであろうと思われる。

　このような文化的背景は，サービス・ビジネスに影響を与えており，「親切

文化型」の日本が不特定の人びとを対象としたタイプのサービス業展開にその特徴がみられるのに対し、「もてなし文化型」の韓国は特定小数の人びとを対象とした（あるいは利用者を共通性・類似性に基づいてセグメントする）タイプのサービス事業経営に強みを発揮する傾向がみられるのである。

第4章 「サービス」の用語法分析

❶ 「サービス」という言葉の性格

1）"共通語"としての条件

　サービスを分析するためには，評価対象となるサービスの構成要素と組み合わせを規定している条件を整理するとともに，「サービス」という言葉の用語法について検討を加えることが必要である。

　人びとは「サービス」という言葉をいつとはなしに知り，それぞれの生活を通してこの用法を学んだのであり，似かよった環境が共通性のある経験を生みやすいのと同様に，生活を通して学ぶということは，言葉の意味・内容として人びとが抱いているものには，かなり共通する部分があると考えられる。実際にも，多くの人びとがサービスに関して，各自の体験に基づいて「どこそこのサービスはよかった（わるかった）」「最近のサービスの傾向にはこのようなことがある」などについて"相互に語り合っている"ということは，その程度は別としても，サービスという言葉が共通語となっていることを示している。

　しかしながら，定義を共有しているわけではないため，興味や関心が似かよっている人びとが"語り合う場面"では通じるとしても，知識や経験に共通性の乏しい"他人に説明する場面"になると，意味・内容に対する理解のしかたを改めて問い質すことが必要になってくる。それは，語り合いの対象となるサービスが一般に個別的場面でのものであるのに対して，説明が求められている場面でのサービスは，より一般的なものだからであり，何が基本的なことであって，何が状況的なものであるかを整理する必要があるからである。サービスに関する「一般理論」が求められるのはまさにこの理由からであり，意味を共

有するための手助けの役割を果たすことなのである。

2) 実際の使用例の分析

　問題を整理するための方法として有効性をもつのは,「サービス」という言葉を人びとが実際にどのように使用しているかを分析することを通して,意味・内容の"範囲と条件"を明らかにすることであると考えられる。言葉として用いられるためには,すべての人が理解しているような明確な約束はないとしても,人びとがある程度共有している"ゆるやかなルール"が必要である。定義などの形での明確な約束があるとしても,使用する人びとの範囲が限定されている言葉はいわゆる専門語であり,この場合には,その言葉を知らない人は用いることができない。業界用語や特定の職業に従事している人同士で用いる「符丁」も同様な性格である。

　「サービス」という言葉は,明確な約束がなく誰でもが自由に使うことができる点に大きな特徴がある。利用経験が豊富であろうとも浅かろうとも,さまざまなサービスを比較して利用している人も,ごく限られたものしか利用したことのない人も,サービスを利用しているということにおいては同等である。そして,誰もが自分の経験に基づいてサービス一般についても語ることができるのであるが,語る(語り合える)ということは,相手と共通する部分をもったなんらかの"ルール"があることを示している。

　「サービス」の用語法に関して,人びとがもっているルールが,かなりゆるやかであることは経験的にも認められる。しかしそれは,最初からゆるやかであったのではなく,多くの人びとがサービスについて自由に語り合う機会が広がったことによって,各人各様の解釈が加わるようになった結果であるとみるのが妥当である。用法としての表面的な多様性の背後には,"本来基本となっているルール"が潜んでいると考えられるのである。

　「サービス」という言葉の実際の用例を可能な限り収集してみると,この言葉がいかに多種多様な意味および用法をもっているかが分かる。表現用例の収集源は,書物をはじめ新聞・雑誌等"文字表現されたもの"のすべてである

が，利用したサービスに対する評価に関する用例を収集するうえで有効性が高いのは，新聞等に寄せられた「投書」である。そこには"個人的感想"が率直に語られていることが多く，"個人的語り"を素材として，一般性のある説明を導き出すことがサービス研究では有効である。

収集された言葉を意味的な類似性によって，共通性のあるものを集めるという作業を繰り返していくと，最終的に"2つのグループ"にまとめることが可能であり，それは，「サービス」という言葉には"2つの異なる用法"があることを示唆している。

❷ 「サービス」という言葉の"2つの用法"

1)「存在型用法」

第1の用法は，何らかの便益供与の活動や提供のための"仕組みや場"そのものを「サービス」と表現するものである。この用法の代表例として「コピーサービス」がある。いうまでもなく，コピーサービスとは無料でコピーを作成してくれることではなく，必要部数の複写物（コピー）を有料で作成するという"活動（はたらき）"の一種である。また，「配送サービス」は便益供与の活動そのものであるとともに，「都内23区への配送料は一律〇〇円」といった表現にみられるのは"提供の仕組み"を示している。

現代社会には，かつては存在しなかった"新しいサービス"が数多く登場しており，人びとの行動様式に大きな影響を与えている。荷物宅配サービスはその代表例であり，旅行形態や土産品購買など観光行動とのかかわりも大きい。また，航空会社をはじめデパートなどのさまざまな接客業にも設置されている「サービスカウンター」は，"便益供与のための場"を提供者側が自称しているものである。

これらの用法は，いずれも提供活動や仕組み，あるいは便益供与のための場が「あるか・ないか」を表現しているものであり，このタイプはサービスという言葉の「**存在型用法**（Existence Use）」と称することができる。この用法す

なわち"あり・なし型用法"の対象となるサービスは，それを実際に利用した人がどのように評価したかとは直接的な関係がないという点に特徴がある。新しく登場したサービスを含めて，そのような活動・仕組みなどが"ある"ことを知っている場合には，自分がそれを利用するか否かにかかわらず"サービスがある"とされるのであり，一方において，実際には"ある"としても，存在を知らない人にとっては"ない"と同じことになるのである。

2)「評価型用法」

第2の用法は，"提供のしかた"そのものを「サービス」と表現するものである。具体的には，利用者である自分（達）に対する対応が"よい"と感じられた場合には"よいサービス"が，その逆に"わるい"と感じられた場合には"わるいサービス"という言葉が用いられるのであり，この用法は，便利供与の活動や仕組みのように客観性がある判定ではなく，"主観的な最終評価"を示している点に最大の特徴がある。このような用法を，サービスという言葉の「**評価型用法** (Evaluation Use)」と称して，「存在型用法」と区別する。

評価型用法での評価主体は，いうまでもなくそのサービスを利用した個々人であり，したがって，その人がどう感じるかによって評価は当然異なってくることになり，個人差さらには状況による違いが加わってくる。

このように，サービスという言葉は，客観性と一般性，さらに，ある程度の安定性と再現性のある"あり・なし"を表現している側面と，主観性と個別性を特徴とし，2度と同じ状況はありえないという状況においての"最終的評価（よい・わるい）"を表現しているという側面とを併せもっているのである。

なお，サービスに関して最も多くみられるのは，"サービスがわるい"ことを表現しているものである。"よい"という表現は"わるい"に比較するとはるかに少ないが，その主たる理由は前節で説明した「個別化」と関係している。個別化による満足感が伴わない場合には"よい"という積極的評価には結びつきにくいのに対し，"わるい"という評価は"応対のわるさ"だけではなく，逆の個別化がみられている場合，さらに後述するように"期待したサービ

スがなかった場合"など，さまざまな理由から生じているからである。

3）"2つの用法"の関係分析

次の課題は，この2つの"異なる用法"がどのような関係にあり，それとサービスに対する評価との関係を分析することである。"2つの用法"にみられる関係は，次のように整理することができる。

① 「存在型」から「評価型」へ

まず存在型が用いられ，次の段階として評価型が用いられるというのが基本形である。つまり，なんらかの便益供与の活動や仕組みがある（サービスがある）ことが認められ，それを利用した後で，よい・わるいが評価されるのである。「オードブルはワゴンサービスであった」といった表現は，サービス提供の仕組みとして"ワゴンサービスがあった"ことを示しており，それがよかったか否かについての評価が，次の段階でなされることになる。いうまでもなく，存在しないものは評価の対象とはならない。その意味において「サービスがよい」と評価されるための前提条件は，サービス提供の活動や仕組みがあることであって，"サービスがあった場合に，"よい"とともに"わるい"と評価される可能性があることを意味している。

日本のホテルにおいては「ルームサービス」の利用客が欧米に比較すると少なく，事業活動として採算が採れないのが一般である。そのため，メニュー等も充実されていないことも多く，利用客から"サービスがわるい"と批判される場合がある。ルームサービスに対する評価を向上させるためには，ルームサービスという活動・仕組みそのものを"利用客の期待"に応じて充実させることがまず求められるのであるが，その一方には，ルームサービスそのものをなくしてしまえば，"わるい"といった評価そのものがなくなるという考え方もありうる。

中途半端にあるよりは，"ない"あるいは"別の形である"ことの方がよい，という考え方は社会の各領域に広がっており，これらは効率性重視や人

手不足などを背景としているが、利用者側の利便性重視の意識とも関係しており、後で述べるように「あるか・ないか」によってサービスの「よい・わるい」が評価に直結している用法が増大する傾向と密接に関係している。

②最初から「評価型」のみを用いる

しかし、"まず存在を認め、その上でさらに、利用した後で評価する"という表現は実際にはごく限られている。なんらかの便益供与の活動や仕組みがあること自体が"普通"のことであり、当然であると一般に考えられている場合は、「ある」を認める存在型用法を用いることなしに、最初から評価型用法によってサービスについて語られるのである。

たとえば、飲食店の利用において、(現代の) 日本では、「この店にはウェーター (ウェートレス) によるサービスがあった」という"存在型表現"は一般にはみられず、たんに「この店のウェーター (ウェートレス) のサービスはよかった (わるかった)」という"評価型表現"が用いられるのが普通である。それは、日本国内の場合、カウンターだけの店や"セルフサービス形式"を明示しているところを別にすると、ウェーターなどが客の注文をきき、テーブルまで飲食物を運ぶというやりかたが普通であると思われているからであって、最初から評価型だけが用いられているのである。

しかし、このようなことは国際的に共通しているわけではなく、現在でも欧米社会では「サービスがある (ない)」「テーブルサービスのある店」といった用法が一般にもみられるのであり、サービス (＝従業員による人的対応) がある場合には、やりかたに対する個人的評価とはかかわりなく、サービスに対しての対価 (＝チップ) を支払うことが社会的慣習となっており、同一の店でテーブル席利用とカウンター利用とでは料金が若干異なることを明示している例もある。

日本国内に限ってみても、どのようなサービスがあるのが"普通"あるいは"当然"と考えられているのかは時代によって大きく変わってきており、また現代においても地域によってかなり異なっている面も多々ある。したが

って，サービス評価を分析するにあたっては，どのようなサービスがあることを，どれだけの人が"当然"と思っているのかについての検討が必要とされるのである。

③ "あり・なし"によって評価する

最初から評価型だけが用いられている用法として，サービスの"あり・なし"が最終評価に直結しているタイプがあり，"あり・なし"の結果がマイナ評価に直結している場合とプラス評価を生じさせやすい場合とがある。

A． "期待したサービス"がなかった場合〈マイナス評価に直結〉

　前述したように，当然あると期待したサービスがあった場合，あること自体は"普通"のこととされやすいのであり，（自分に対する）やりかたがよいかどうかが大きな関心事となる。そして，当然あると期待したサービスがなかった場合には，「なかった」ということだけでマイナス評価となりやすいのであり，「○○もないとはサービスがわるい」という表現はその典型的なものである。

　先にあげたホテルでのルームサービスの例をみると，ルームサービスをやめてしまった場合には「ルームサービスが悪い」という批判自体はなくなることは確かであるが，今度は「ルームサービスもないとは，このホテルのサービス・レベルは低い」と全体に対する評価そのものが低下する危険性がある。一般にビジネスの顔となっているような部門では，そこにふさわしいサービス提供の活動が"ない"ということが致命的なマイナスになる可能性があり，「あるだろう」と期待されていたサービスが実際にはなかった場合には，利用者の不満に直結しやすいのである。

　サービス利用において，期待したサービスがなかったことが主たる理由となり，提供者全体に対する評価がマイナスとなる傾向は，期待と実際とのギャップから生じており，期待をつくるものとしての情報の影響は大きい。その意味において，サービス提供者側は，利用者に伝達される情報の的確性を常に点検することが求められ，とくに，買物・飲食・旅行をはじめ"自由に

選択できるサービス"に関してはその重要性は高いのである。

　一方には，社会的状況や価格（対価）の関係からみて，"適当であるとは考えにくい期待"によって不満や批判がなされている場合も多い。流通サービスにおいて，華美な包装が無料でなされることを当然のこととして期待したり，タクシー利用において，需要が急増する時間帯に「空車」が少ないために利用が困難であったという個人的理由に基づいて，タクシー業界一般のサービス体制を批判したりすることなどは，期待そのものが適当とはいえない例である。

　しかしその背景には，顧客獲得のために，人手やコストの関係から事業活動として継続することは本来できないサービス提供が無理を承知で行っていたり，"客を不当に優遇する"といった悪しき慣習が継続しているといった，提供者側の問題もある。これらは，サービス化が進み，大多数の人びとがサービスの利用者であるとともに提供者でもある現代社会においては，不適当なサービスと評されるべきであり，それらが存在しているために，不適当なことまでを"当然"と利用者側に期待させてしまう原因ともなっている。

B．"ないことを期待したもの"があった場合

　"ないこと"が好ましいと思っていたものがあった場合も原理的には同じである。旅行先の選択などにみられる例であるが，"静かなところ"を期待して行った先に大勢の人がいたという場合には，その人からみると，賑やかなのではなく"騒々しいところ"なのであり，期待はずれとしてマイナス評価に直結しやすい。日本旅館の入り口近くに自動販売機がズラリと並んでいるような場合，落ち着いた和風の雰囲気を期待した人からみると，"ある"ということ自体が不満を感じさせてしまうことになりやすい。しかし，同じことが，ビジネスホテルにある場合には"便利"としてプラス評価になりやすいのであり，何が期待されているかによって，あること自体に対する評価も異なってくる。

C．"あること自体"が評価の対象となる〈プラス評価に結びつく場合〉

　まだ一般には存在しないと考えられていたサービス，つまり期待していなかったサービスが"あった"という場合は，そのことだけによって「よい」と評価されることがある。とくに，新しい技術を導入した施設・機器などによる"サービス提供の仕組み"は，利用者から評価される可能性が高い。

　しかし，それが継続されたり，"他にもある状態"になってくると，前記した②のタイプと同じことになるのであり，あること自体は当然のこととして，やがては積極的な評価の対象とはならなくなる。そしてさらに一般化が進むと，「ない」場合には③―Aのタイプに該当することになる。かつては普通のことで，とくに注目されてはいなかったことが"ある"ということによって評価対象となってくる場合もある。和服を着た従業員の挨拶が"ある"ということがサービスとして評価されたり，観光地で漬物を販売する店舗で，客の注文を受けてから目方を量り，ひとつずつ丁寧に包装をするところが客の人気を集めたりしているのは，かつては普通であったことが"希少性（めったにないこと・もの）"をもつようになったことを示している。

4）「サービス商品」「サービス価格」の意味と用法的特徴

　ここで，やや性格の異なる用法である，"経済的利得"を意味している「サービス商品」「サービス価格」について説明を加えておくこととする。

　「サービス商品」「サービス価格」は，用語法としては「存在型用法」であって，同時に「機能性中心の便益供与」であることを意味している。このような言葉は，基本的に小売業を中心とした流通サービスでの用語であったが，近年では飲食サービスさらに観光事業においても用いられている。とくに「旅行商品（一般にパッケージツアーと称される）」の販売・購買が活発化したことによって多用される傾向にあり，"価格の安さ"そして"おトク"を強調することによって，販売促進を図る手段とされている。

　「サービス商品」や「サービス価格」は，低価格での商品提供として利用者側から基本的に歓迎されうるものであるが，"安さ""得であること"の理由が

明示されていることが必要であり，根拠の乏しい・不適正な表示は，公正な取り引きに反するものとして法的にも禁じられている。問題となるのは，このような言葉を人びとがどのように受けとめ，どの様に評価しているかについてである。「サービス商品」「サービス価格」は，サービスという言葉の用法のひとつのタイプであるとともに，評価対象となるサービスの類型としての性格を併せもっている。これらの言葉は，用法分類からみると，いずれも「存在型用法」に含まれるものであり，同時に利用者側からは"サービスがよい"との評価に直結しているようにも考えられる。

＊ 利用者の反応と評価

しかし実際には，「サービス商品・サービス価格がある」ということが，"よい"という評価に直結しているわけではなく，そのことは利用者側の反応からも認められている。

その第1の理由は，「サービス商品・サービス価格」と称されているとしても，それは基本的に提供する側（販売者側）の主張を示したものであって，利用する側（購買者側）が同様に評価しているわけではないことである。「サービス商品」の場合，"特別に提供される商品"を意味しているのでなく，利用者の関心を集め，購買意欲一般を刺激することを意図して設定した"目玉商品 (loss leader)"のことであると理解している人が圧倒的多数を占めている。第2に，第1の理由とも関係するが，「サービス商品・サービス価格」は，誰に対しても同等に示されているものであって，"ひとつの販売状況"として受けとめられやすいことがあげられる。つまり，一般性のある提供場面における"表示の一種"として理解され，利用者である自分に対しての"やりかた"とは直接関係がないため，"よい"という評価感覚が生じにくいと考えられるのであり，サービスの性格分類としては，「機能的サービス主体の便益供与」の場合と同様な位置づけになっているのである。

「サービス商品・サービス価格」という用法は，サービスの"あり・なし"を示しているという点において存在型用法の典型であるが，評価型用法との関

係はかなり多様であり,「2つの用法の関係分析」として説明した①〜③のすべてが認められる。すなわち,①「あることを認め,利用(購入)して評価する場合」,②「あるのは当然として,最初から評価(品物がよい・安い等)がなされる場合」,さらに,③—A「(サービス商品・価格などが)ないことによって"わるい"とマイナス評価される場合」,③—B「サービス商品・サービス価格などが"ない"ことが魅力であった店舗が"バーゲンセール"をやることに対し不満を感じてしまう場合」などさまざまであるが,一般には①および②の例が多くみられる。

❸　"2つの用法"と「サービスの基本タイプ」との関係

1)　用法分析の役割

　サービスを構成する2つの側面,それらの組み合わせを規定している条件に基づく「サービスの基本タイプ」は,サービスに対する評価を理解するための"基本的枠組み"であり,国際比較研究に適用することが可能である。

　これに対して"用法分析"は,人間の感情と意思表現の"道具"であるとともに"メディア"でもある言葉についてのものであり,現代の日本社会での用例に基づいて分析がなされている。したがって,分類基準や関係分析の方法には一般性があるとしても,言語構造の異なる社会にそのまま適用することには限界があることはいうまでもない。

　サービス評価に関する問題を整理するうえで,"用法分析"が有効性をもつ場合は少なくない。それは,サービスは基本的に個人的体験であり,言葉によって語られ,文字を通して伝達されているものだからである。しかし,用法分析は現実的・具体的であるために,一般化させるには困難な面があることも事実であり,理論を補う実証的分析素材として位置づけることが適当である。

2)　「基本タイプ」と「用法」との関係

　「基本タイプ」と「用法」の間には,当然一般的な対応関係がある。「存在型用法」が用いられるサービスが,一般に「機能的サービス」であることはいう

までもなく,便益供与の"はたらき"にかかわる活動・仕組み・場であるからこそ,"あり・なし"を客観的に表現することができるのである。しかし,「和服を着用した従業員の挨拶があった」と表現されるように,「情緒的サービス」を提供するための"基礎となっているやりかた"が「存在型用法」の対象となることもある。

サービスの基本タイプとしての「機能性優位型」は,「存在型用法」の対象となる面が多く,"あり・なし判定"が評価に結びつきやすい。しかし「情緒性優位型」においても,組み合わされている機能的サービスの"あり・なし"が評価の前提条件となっている場合も少なくないのであり,サービスを利用する人びとの意識と期待の変化など,社会的・時代的要因によって,用法は変化する可能性がある。

❹ 新聞・ガイドブックにおける用語法の分析

1) 新聞記事にみられる用語法の実際

多種多様なサービスを提供するビジネスが存在し,さらにサービスが果たす役割が高まっている社会においては,サービスをめぐるさまざまな記事が一般新聞の紙面に登場するのは当然のことである。一般に新聞記事としてサービスが取り上げられる場合は「存在型用法」が基本であり,サービス提供の活動そのもの・活動の仕組みについて紹介・解説される場合が多い。サービス産業・事業の動向・活動状況や"新しいサービス"に関する記事は,いずれもサービスの"あり・なし"に関してのものである。

これに対して読者からの「投書」等においては「評価型用法」が中心となっており,存在するサービスに対する自分の立場からの評価,不必要なサービスがあることに対する批判,必要と思うサービスがないことに対する不満などの形をとっている。

分析対象素材とした新聞記事および「読者の声欄」から,用法例をいくつかあげてみると,金融機関における新サービスやマルチメディアサービス,さら

に百貨店に関して「惣菜が店頭に並ぶようなサービス」などが存在型用法の典型的なもので，従来は"なかった活動や仕組み"が新しく登場し，それらが利用者あるいは社会に歓迎されるであろうとの含意がある例も，たんに紹介にとどまっている場合もある。技能者に関する社説として，「製品やサービスを提供すること」と題して，サービスをモノと並ぶ人間の生産活動として説明している例がみられるが，これも存在型用法である。

プロスポーツに関連して，ファンサービスについて記されたものもあるが，現在までのファンサービスに対して活動やありかたの面からやや批判的に論じられている例もみられるが，「これでよいのだろうか」といった疑問提起にとどまっている場合が多く，存在型用法の一種となっている。家庭欄でサービスが取り上げられることは当然であるが，「買った後のサービス内容を確かめる」という記事での「サービス」とは，購入後の一定期間における修理等を無料で行うというアフター・サービスを意味しており，用語法としては存在型用法であることはいうまでもない。

「読者の声欄」には，サービスが低下しているという一般的評価，子育てを支援する社会的サービスの強化を求めるもの，残業サービスを否定する意見など，さまざまなものが寄せられているが，一般記事の場合とは基本的に異なり，サービスのよい・わるいについてそれぞれ"自分の立場から語っていること"が共通している。

新聞記事における「サービス」という言葉の用語法は，基本的に存在型用法であり，活動・仕組み等があることに関して用いられているのに対して，読者によるものは評価型用法が中心となっているが，評価対象としたサービスの意味や範囲は曖昧である場合が多い。

2) 飲食店ガイドブックにみられる用語法

1980年代半ば頃から，飲食店の味や特徴を詳細に紹介する飲食店ガイドブックおよび関連する記事を収録する雑誌が数多く出版されるようになり，近年は飲食店を対象としたテレビ番組も数多く放映されている。その背景には，生

活水準の向上によるゆとりがあることはいうまでもないが、従来は衣服・装身具等を中心としていた生活情報が食生活に及んできたことを指摘することができる。1980年代前半に急激に高まった飲食店および味に対する関心は、流行現象となり"グルメ・ブーム"と称されたが、そのきっかけをつくったものに山本益博が1982年に発表した『東京・味のグランプリ200』があった。

同書は、その書名の通り東京都内の飲食店を対象としたものであるが、従来の紹介書と基本的に異なる点は、著者自らが一般客として実際に利用し、その結果に基づいて提供している味等の水準を評定していたことにあった。対象とした店舗も「すし」「そば」「てんぷら」「うなぎ」「洋食」「ラーメン」の専門店に限り、それぞれについて"味の評価・判定基準"が記載されており、その意味では評価の方法・手続き・条件が明示されたものとなっていた。多数の店舗を1冊で紹介するという書物の性格から、1店舗あたりの記載は店名等の部分を除くと400~500字で、調理の仕方・味に関する評価が中心となり、サービスに関する記述はごく限られている。しかし、200店舗中15店舗についてはサービスについての記述も加えられており、店舗種類別では「洋食」が比率的に多くなっており（30中5店舗）、このタイプでは提供する料理とともに接客対応が重要であることを示唆していた。

* 存在型と評価型とが混在

記述例は〈表2〉に示した通りで、ここにも存在型用法と評価型用法とが混在していることが認められる。例示した①②および④は基本的に存在型用法であり、活動そのものならびに仕組みを意味しているが、①は"あり"に関して、「あること＝よいこと」ととらえることそのものが誤りという考え方が示されている。この場合、筆者としては「ないことを望んでいたことがあった」のであり、「あることがマイナス評価に結びついている」例である。また③は評価型用法であるが、「心のこもったサービス」として評価している意味・内容が具体的に記述されており、サービス行為の"あり・なし"に基づいて明確に説明されていた。

表 2　飲食店における"サービス"に関する記述例

① 「一時が万事，あわびもいかも味がない。そして，途中であさりのみそ汁を出されるのが閉口である。これをサービスと勘違いして喜ぶ客がいるのだろう。すしをたべにきて，みそ汁やたくわんを出されてはたまらない。こういう店はカントリーずしと呼ぶ」

(すし編)

② 「ここではまずお茶が出てくる。これには異を唱えないが，もりにつくつゆがとっくりではなく猪口にじかについでくる。これだと途中でつゆの濃さを調整できないのだ。茶を出すサービスを心がけるくらいなら，こちらにこそ配慮してほしいと思う。」

(そば編)

③ 「都心のうなぎ屋としては現在随一である。蒲焼はあめ色に見事に焼かれ，タレはちょっと甘目だが，醍醐味はじゅうぶんに味わえる。それとともに心のこもったサービスが素晴らしい。どんなに忙しいときでも，食事の前と後とでお茶を違えて出してくれるし，鰻丼や鰻重の向きが違って出てきたことはただのいちどもない。」

(うなぎ編)

④ 「2階のメニューで評判を呼んでいるのが小皿料理といって16種類の料理を小皿で8種ずつ2度にわたってサービスし，最後にミニラーメンで締めくくるのだが，1回の食事でいくつもの味が楽しめる利点があるはずなのに，肝心の冷たい料理は冷たいうちに温かい料理は温かいうちに，という料理の原則が守られないままのサービスのため，その真価が発揮されないでいる。」

(洋食編)

＊(山本益博著『東京・味のクランプリ200 (講談社，1982年)』に記載されたものの中から抜粋したもの。（下線は前田が付したもの)

　一般に飲食店に関するガイドブック等において，味・サービス・価格あるいは味・雰囲気・サービス・価格などに分けて評点するなどの形式をとるものが多くみられるが，そのほとんどがサービスの意味・内容が曖昧なまま記述されいるのに対して，同書の記述には具体性がある点が認められる。

⑤　学生によるサービスの満足・不満足に関する記述の分析

1) 分析の目的と対象素材

　この分析は，本研究は，大学生が各自の個人的体験に基づいて実際に利用したサービスに関して記述したレポート集を対象素材として，サービス一般に対する若者の用語法についてのものである。

(山崎利夫編『体験・よいサービス悪いサービス大学生が見た現場レポート』,1996)

　同書は,編者あとがきによると,大学で「スポーツ経営学」を履修している3・4年生を対象とした夏期休暇課題レポートを編纂したもので,各レポートには「何時」「何処で(具体的対象)」「サービス提供の状況ならびに評価」のそれぞれについて簡潔に記述されており,1,500~2,000字で記載されているものが大半を占めている。

　収録されたレポートは,よいサービスに関するもの46事例,わるいサービスに関するもの56事例で,対象業種・業態等は宿泊・飲食・交通・流通をはじめ多岐にわたっていたが,ここではできるだけ多くの業種・業態をカバーすることおよび執筆者性別構成を配慮し,それぞれ15事例を抽出して分析の対象とした。方法としては,それぞれの事例について,サービスの良否を感じた状況等の概要を要約し,サービスについての代表的表現例を摘出したうえで,レポート全体にみられるサービス用語法としての類型ならびに特徴を分析した。

2) 分析結果の表示方法

　用語法上の類型とは,2節で説明した「用法の関係分析」に基づくもので,ここでは次のように分類・表記する。

① 「よいサービスに関する事例」

　A． サービス提供の活動・仕組み等が存在し,それに対して"よい評価"を与えていた場合　　　　　　　　　　　　　　　〈存在→評価〉

　B． サービス提供に関する活動・仕組み等の存在が認められ,そのこと自体に対して"よい評価"を与えている場合　　　〈存在＝評価〉

　C． "対応のしかた"に対して"よい評価"を与えた場合　〈評価(＋)〉

② 「わるいサービスに関する事例」

　A． 本来は"ある"と思われるサービスが自分には的確に提供されなかったことに対して"わるい評価"を与えている場合　〈非存在→評価〉

　B． 期待あるいは予想したサービス提供の活動・仕組み等が存在しなかっ

たこと自体に対して"わるい評価"を与えている場合　〈非存在＝評価〉
　C．"ないことを期待したサービス"が"あり"，そのこと自体に対して
　　　"わるい評価"を与えている場合　　　　　　　　　〈存在＝評価〉
　D．"対応のしかた"に対して"悪い評価"を与えた場合　　〈評価（－）〉
　分析対象とした「よいサービス」「わるいサービス」各15事例の概要・代表的表現例等は〈表3・4〉に示した通りである。

3）「よいサービスに関する事例」の分析
① 用語法上の類型
　前記した分類基準によると，対象15事例の内，〈存在＝評価〉が12事例を占め，サービス提供の仕組み・活動が"あったこと"そのものを"よいサービス"と評価している傾向が認められる。その背景には，"あるとは期待していなかったこと""平素とは異なる状況であったこと""個人的に困っていたこと"などがあり，"あること自体"がプラスの評価の対象となったものと考えられる。"あること"が認められ，それを好ましいと感じた類型〈存在→評価〉が2事例みられたが，ともに"分け隔てのない対応を受けたこと"が評価理由となっていた。また，対応の仕方（利用者である自分へのやりかた）がよかったことから"よいサービス"としている1事例〈評価（＋）〉があるが，規則中心で融通がきかないと思っていた行政サービスが，予想に反して親切・丁寧であったことが理由となっていた。

② 表現内容
　〈存在＝評価〉に区分された事例にみられる"よいサービス"の代表的表現は，「利用者に便宜をはかること・機転をきかすこと・困った時の対応」など，状況をふまえた対応が最も多くみられ，次いで「利用者への気づかい・気持ちのこもった対応」などの対応のしかたであるが，「おまけつき・おまけはタダ・見返りの供与」など実利性をあげている例もかなりみられる。また，「（利用者からみて）安心感のある仕組み」もあげられていた。〈存在→評価〉の事

表 3 記述された事例の概要と代表的表現例〈"よいサービス"の事例〉

対象	タイトル/執筆者性別	サービスの良否を感じた状況等	サービスについての表現	用語法類型
宿泊業（ホテル）	テキパキと気持ち良いサービスのホテル（女性）	大会参加のため利用したが，割引料金にもかかわらず学生にも丁寧に対応してくれた	"誰に対しても気持ちよいサービスを提供するホテルこそが一流ホテル"	存在→評価 分け隔てのない応対
宿泊業（旅館）	お風呂を貸してくれた旅館（女性）	試合最終日，利用していた旅館が夕方まで荷物を預かってくれ，入浴もさせてくれた	"困っているのをみて，一番してほしかったサービスを与えてくれた"	存在＝評価 利用者への便宜を図る
宿泊業（ペンション）	ペンションの気のきいた客のもてなし（男性）	滞在中天候が悪かったが，経営者が客のために焼肉パーティーを企画し気分を変えてくれた	"焼肉パーティーをとっさに企画したオーナーの心配りにサービス業の原点を見た"	存在＝評価 利用者への気配り
飲食業（ファミリーレストラン）	ファミリーレストランで貸してくれた団扇（男性）	利用した店のエアコンの調子が悪かったが，店員が団扇を貸してくれた	"店の気持ちが表れている，とても気持ちのこもったサービスだった"	存在＝評価 気持ちがこもった対応
飲食業（ファミリーレストラン）	ファミリーレストランの機転のきいたサービス（男性）	食事の後，氷をもらえないかと頼んだところ係のウェートレスが快く応じてくれた	"店としてのサービスとはいえないが，係員の機転のきいた対応がとても気に入った"	存在＝評価 利用者に機転で便宜を
飲食業（ファーストフーズ）	（なし）（男性）	アルバイトと思われる係員の動作が不適切だったところ，後方の店長が謝罪し，直接応対した	"手際の悪さを見せた後のフォローみたいなサービス，接客指導の高さを感じた"	存在＝評価 安心感のある仕組み
飲食業（食堂）	子供メニューを特別に出してくれた食堂（男性）	親戚と食事した時，3歳の姪の分は量を減らし子供用の食器を添え，果物と菓子も出した	"子供と軽視せずちゃんとした客として扱う態度に感動，客を尊重したＳは気持ちよい"	存在→評価 個別化・客の尊重
飲食業（食堂従事者）	店の外でも笑顔で挨拶してくれたＴ島の食堂のおばさん（男性）	2週間滞在した島の食堂従事者が店以外で出会った時にも感じのよい応対をしてくれた	"いつも愛想よく，いろんな物をサービスしてくれた" "よそ者扱いしなかった"	存在＝評価 親切，平等 "おまけ"

第4章 「サービス」の用語法分析　73

表3　つづき

対象	タイトル/執筆者性別	サービスの良否を感じた状況等	サービスについての表現	用語法類型
交通業（タクシー）	スーツケースを届けてくれたタクシーの運転手（女性）	スーツケースをタクシーの中に置き忘れたところ、降車地の港へ届けに来てくれた	"本当に助かった，運転手がどのように対処するのかがよく分かった"	存在＝評価　困った時の迅速な対処
交通業（航空会社）	航空会社J社のくれた食事券（男性）	乗継ぎ機が故障のため出発が1時間位遅れたが，降機時に500円分の食事券を配ってくれた	"素早い，ちょっとしたサービスのフォローのおかげで，乗客の不満が治まった"	存在＝評価　"見返り"の供与
交通業（航空会社）	笑顔で対応してくれたA社のスチュワーデス（男性）	早朝利用した機内で，眠っていたらタオルケットをかけてくれ，飲物を笑顔で注いでくれた	"気づかいをしてくれたと思うと嬉しくなった" "飲物を笑顔で注がれて得した気分"	存在＝評価　気づかい，"笑顔"
流通業（ガソリンスタンド）	快く配達してくれたガソリンスタンド（女性）	外出中に燃料切れとなったところ，平素は利用しない近くのスタンドが快く対応してくれた	"不意の出来事に対応してくれることこそ，サービスがよい店といえるのではないか"	存在＝評価　困った時の対応
流通業（ガソリンスタンド）	明るい雰囲気のガソリンスタンド（男性）	あるスタンドで給油中に店員が警告書の跡が残っているのに気づいて綺麗に消してくれた	"他よりも豪華な景品をサービスしてくれる所を選ぶ" "客へのサービス精神が重要"	存在＝評価　"おまけ"は重要
流通業（商店）	パンをサービスしてくれたケーキ屋（女性）	ケーキをいくつか買って店を出ようとすると店員がパンを無料でくれた	"こういうサービスをされると嬉しくなり，彼女（店員）に親しみを感じる"	存在＝評価　"おまけはタダ"
行政サービス（市役所）	時間を過ぎても受け付けてくれた市役所（女性）	国民年金の学生免除手続きに訪れた定時を少し過ぎていたが，係員は親切に対応してくれた	"ここの職員は本当に優しく思いやりのある方々だなあ"（金融機関は丁寧だか冷たい）	評価（対応の良さ，他との比較）

表 4 記述された事例の概要と代表的表現例 〈"わるいサービス"の事例〉

対　象	タイトル/執筆者性別	サービスの良否を感じた状況等	サービスについての表現	用語法類型
宿泊業 (ホテル)	伝言の伝わらないホテル (男性)	短時間外出の際に父親から連絡があったら教えてほしいと頼んだのに的確に伝えなかったこと	"きれいなホテルなのにこんないい加減なサービスしかできないというのは悲しい"	非存在→評価，不適切・不平等
宿泊業 (旅館)	布団や食事を客に運ばせる旅館 (男性)	1泊7,000円も払ったのに，施設も応対も悪く，「自分達でやってくれ」といわれたこと	"客を使うなんてもってのほか""こんな愛想のない，サービスのかけらもないところ"	非存在＝評価，当然の期待を否定
飲食業 (ホテル内レストラン)	注文した食事がなかなか出てこないレストラン (男性)	食事が出てくるのに時間がかかり，セットのコーヒーが来るのにさらに時間がかかったこと	"催促に行くと，ウェーターは客と会話していた""昼時なのに給仕が2名しかいない"	非存在→評価，"逆の個別化"
飲食業 (ファミリーレストラン)	ファミリーレストランでのありがた迷惑の映画上映 (男性)	家族でコーヒーを飲みに入ったが，店内でビデオで映画を上映していて落ち着けなかったこと	"サービスどころか迷惑になりかねない""今までなかったSを提供することによって"	存在＝評価期待しないものの存在
飲食業 (ファーストフーズ)	注文しない品物の代金まで払わされたハンバーガー店 (男性)	注文していないものが入っていたので係員に伝えたが，何も言わずに立ち去ってしまったこと	"詫びの一言もなかったことにひどく腹がたった""不愉快なサービスを受けた"	評価，フォローが不適切
飲食業 (食堂)	指をダシにしたラーメンを出す店 (男性)	水はセルフ，30分程して出されたラーメンの中には運んできたおばさんの指が入っていたこと	"「水くらい出せ，サービスわるいなあ」"	非存在＝評価，やりかたに不快感
交通業 (タクシー)	荷物の積み込みを手伝わないタクシー運転手 (男性)	キャンプ用の荷物を持って利用したところ，手伝ってくれるどころか文句を言われたこと	"客自らが荷物を積むのは当然という感じでサービス精神などかけらも見られなかった"	非存在＝評価，期待に反する
交通業 (長距離フェリー)	欠点が目についた長距離フェリー (男性)	客室の区切りが曖昧，食堂営業時間が不明確，風呂場の狭さ等，サービスが悪かったこと	"サービスの行き届かない点(右記)が多々あった""サービス面の改善を"	非存在＝評価，期待に反する

表4 つづき

対　象	タイトル/執筆者性別	サービスの良否を感じた状況等	サービスについての表現	用語法類型
交通関係（高速道路金所）	料金所での無愛想な態度　　（女性）	他の料金所では挨拶があったのに，E料金所では無言のままであったこと	"他では言ってくれたのに""料金をもらうのが当然と思っているのか……"	非存在＝評価，他ではあったのに
交通関係（SAレストラン）	きつい口調で注文を受けたサービスエリアの従業員（男性）	食券を出し忘れていたら係の人に怒った口調で言われたこと	"こちらはちゃんとお金を払っている客なのに，どうして叱られなくてはいけないのか"	評価，"客である自分への応対"
交通関係（SA内の売店）	おしゃべりに夢中なサービスエリア売店の従業員（女性）	品物を持っていっても，レジの女性係員達はおしゃべりに夢中で挨拶もしなかったこと	"「ありがとうございます」の一言もなかった""派手なサービスはいらないが……"	非存在＝評価，当然のことがない
流通業（ガソリンスタンド）	窓ガラスを拭いてくれないガソリンスタンド（男性）	利用したスタンドでは，店員の挨拶はあったが給油中に窓ガラスを拭いてくれなかったこと	"待っていても拭いてくれる様子がない，仕方なく自分で拭いた"	非存在＝評価，当然のことがない
流通業（スーパー）	アフターサービスの悪いスーパー（女性）	以前購入した店舗に専用の電池を買いに行ったが，店員の応対が素っ気なかったこと	"製品を並べるなら付属品も置くのが当然，店員は客の立場に立った応対をすべきだ"	非存在＝評価，当然のものがない
流通業（ディスカウントストア）	ディスカウントストアのあいさつもしない店員（女性）	レジ前に行列したが，店員は自分には何もいわずにレジを打ち，挨拶の言葉がなかったこと	"私にはありがとうの言葉もなかった""もっと客を大切にする配慮があっていい"	非存在＝評価，当然のことがない
娯楽・健康業（健康ランド）	客の前でグチをこぼす健康ランドの清掃員（女性）	施設はきれいだったが，更衣室を清掃していた係員が客のマナーのわるさを言っていたこと	"仕事のグチを客の前で言うとは客に対して失礼である，プロとしての意識が薄い"	評価，"客の権利"の侵害

例は共通して,「分け隔てのない応対・親切」をあげており,〈評価（＋）〉の事例では,"他との比較"において"よいサービスであった"と表現されている。

[4)]「わるいサービスに関する事例」の分析
① 用語法上の類型

　対象事例の中で最も多かったのは,"あると期待あるいは予想したサービス提供の活動・仕組み等が存在しなかったこと"に対してわるい評価を与えているタイプで,9事例を占めていた。不満を生じさせた対象となっている事柄は,「旅館に1泊7,000円も払ったのに布団や食事を自分達にやらさせたこと」「タクシー運転手が荷物の積み込みを手伝ってくれなかったこと」「フェリーの（共用）施設が不備だったこと」「ガソリンスタンドで窓ガラスを拭いてくれなかったこと」をはじめ"期待したサービス行為"がなされなかったことが多いが,「挨拶がなかった」「ありがとうを言わなかった」など,当然予想した最低限の情緒的サービスがなかったことをあげている例も3ケースみられる。なお,9事例中の1ケースは,待たされて後で出されたラーメンに運んできた人の指が入ってしまったことを表題としているが,内容をみると水がセルフサービスであったことが不満の主たる理由となっているものと考えられたため,〈非存在＝評価〉として扱っている。

　対応のしかたに対してわるい評価を与えているものが3ケースあり,内2ケースは"係員に怒った調子で言われた""係員が自分に聞こえるところで客のマナーの悪さを言った"というもので,客に不快感を生じさせた"悪いやりかた"に対する不満となっており,1ケースは同じ組織（この例では高速自動車道）で他にはあった挨拶がなかったことに対する不満が述べられていた。また〈非存在→評価〉すなわち,「本来はあると思われるサービスが自分には提供されなかった」ことを不満としているものが2ケースあり,いずれも不公平・不適切な対応が内容となっている。残る1ケースは,〈存在＝評価（－）〉に該当し,ないことを期待したサービスがあったことに対してわるい評価を与えていた例であって,ファミリーレストランがビデオで映画を上映していたため落

ち着いて話しができなかったことがあげられていた。

② 表現の内容

用語法が〈非存在＝評価〉に該当する場合は，類型が意味している通りに「期待に反している」「当然のことがなかった」がほとんどであり，他との比較において「他ではあったのになかった」という表現もみられる。"対応のわるさ"に関しては，「自分は客なのにどうして叱られなければならないのか…」「客に対して失礼である…」のように，客の立場を主張した表現が特徴的である。また，〈非存在 → 評価〉の場合は，本来はできると思われるにもかかわらず"自分にはなされなかった"ことが述べられているが，不平等（逆の個別化）に対する不満が間接的に表現されている。

5) 大学生によるサービス評価表現の特徴

対象とした素材は，大学生が実際に利用したサービスに関して，状況記述と印象・評価および感想等が混然となったレポートであるが，現代若者のサービス観の一端を知る手がかりとなる興味深い内容をもっていると考えられる。各レポートは，個人的体験に基づく個人的サービス評価であり，利用したサービスについてそれぞれが"自由に語っている"という点において「投書」と同様な性格をもっており，利用当事者である自分自身を中心として状況の説明がなされ，快・不快であったことの理由は当然のこととして自分の立場・行動は正当・妥当なものとの解釈がなされている。

本分析の目的は，記述内容に示されたサービスの用語法を分析することであるが，対象素材は，上記した意味において特定主題に関する「投書」を意図的に収集したものともいえる。示された用語法の特徴は，まず，よい・わるいともに共通して"あり・なし"に基づく評価が多数を占めていることであるが，よい評価は「自分のために何かをしてくれたこと」から生じている例が多く，満足感を得られたことが対象評価の主たる要因となっている。

これに対してわるい評価は，「あると期待したものがなかったこと」が原因となっている例が最も多く，前章で記した"非存在に対するマイナス評価"が

さまざまな対象についてなされていることが認められる。また，平等・同等あるいは個別化・逆の個別化に関係する表現がかなり認められている。この点については，レポート作成者達が学生であり，「自分（達）を他の一般客と同等に扱ってくれたこと」が満足に直結していたり，子供を対等に丁寧に扱っていた応対に感動を覚えている例がみられる。その一方では，自分（達）が他の人びとに比較して粗末に扱われたと感じられたことが強い不満を生じさせ，"わるいサービス"の評価に結びついている例も複数みられている。

また，「何かを無料にしてくれたこと」「オマケつき・景品をくれること」をサービスと表現する例も複数みられ，利用者にとっての実質的利得をサービスとする用語法が現代若者においてもかなりみられることを示している。

＊　拡大する「あって当然」意識

注目されるのは，若者にみられる"客意識の強さ"であり，自分が客である限りは尊重され，丁寧に扱われるのが当然であると考える傾向が認められることであり，前記した「客に対して…」「ちゃんとお金をはらっているのに」といった表現はその典型である。さらに「待たせたのになんの挨拶もなかった」「お礼の一言もなかった」などの不満には，客の立場として当然受けることができると期待した最低限の情緒的サービスが「なかったこと」への不満も示されていた。"客意識の強さ"とともに現代若者の自我意識の一端を示しているものとして，「人前で注意されたこと・叱られたこと（と感じられたこと）」に対する強い反発がみられ，そのことがあったことを理由として，わるいサービスと判定している例が認められている。

"2つの用法"および"用法の関係"を通して，現代若者のサービス観を考察すると，「あるのが当然」と考えている対象と領域がさらに広くなっている点に最大の特徴がある。「水を自分で注がせるとはサービスがわるい」「タクシーの運転手は荷物の積み込みを手伝うのが当然」とする表現にみられるように，利用者である自分の便宜を中心とした"あり・なし判定"がサービス評価全体に影響を与えている傾向が強いことが認められる。

第5章 観光におけるサービス

❶ サービス複合事象としての観光

1) 観光に期待されるサービス

　観光は，交通業，宿泊業，飲食業，土産品販売を含む流通業，ミュージアムをはじめとする文化事業，さまざまなアミューズメント事業そしてオーガナイザー的役割を担う旅行業など，サービス業の中核をなす各業種がかかわりをもつことによって成立している"サービス複合事象"ある。そして観光事象に対応して展開され，さらにその促進にあたっている観光事業の総体としての観光産業は，世界全産業の中で最大の"総合サービス産業"であり，観光形態と行動の変化は，観光におけるサービス，とくに提供側のサービスのありかたに密接にかかわっている。

　観光事業に期待されるサービスはさらに，①個人旅行か団体旅行かという行動形態による違い，②遊覧・観賞・活動などの行動タイプによる違い，③利用者の性・年齢や国民性による違いなどの影響を受けており，"多様性"を基本的性格としている。したがって，観光事業におけるサービスに関して，"望ましいありかた"一般を論じるのは無意味であり，有効であるとはいえない。観光事業は，多種多様なサービスの集合体であり，複合的サービス事業そのものなのである。

2) 観光事業を構成するサービスの多様性

　機能的サービスと情緒的サービスの組み合わせの度合い，さらにサービスの基本的性格を規定している「サービス提供の4条件」を整理し，それぞれ該当する事業等をみると観光とサービスの多様な関係が明らかになる。利用頻度が

低く，選択の自由度が高いことが，観光事業にかかわるサービスの性格を規定する基本条件であるが，これに利用時における対人接触の度合が加わり，さらに多様なものとなっている〈表5〉。

観光事業を構成しているサービスの中で，交通・輸送に直接関係するサービ

表5 サービス提供の「条件」と業種・業態・業務との関係(*1)

組合せのパターン	〈サービス提供の「条件」〉				サービス提供の"条件"が一般にあてはまる業種・業態・業務等の例（*2）	観光においてあてはまる事業・業務・場面等の例
	利用者の数	利用の頻度	選択の自由度	対人接触度		
1	多数	高い	低い	低い	都市部公共交通機関(含．駅)	*基本的には該当しないが，個人的に利用者となる場合もある
2	多数	高い	低い	高い	行政サービス(相談窓口等)	
3	多数	高い	高い	低い	都市部スーパー，外食チェーン	
4	多数	高い	高い	高い	百貨店	
5	多数	低い	低い	低い	国内線航空機，高速道路関係	国内線航空機，高速道路関係
6	多数	低い	低い	高い	JR（列車）	JR（列車）
7	多数	低い	高い	低い	都市部金融機関	遊園地，ミュージアム
8	多数	低い	高い	高い	専門店（大型）	土産品販売店，地元飲食店
9	少数	高い	低い	低い	郵便局(郵便・窓口業務)	*基本的には該当しないが，個人的に利用者となる場合もある
10	少数	高い	低い	高い	郵便局(保険等集金業務)	
11	少数	高い	高い	低い	ガソリンスタンド	
12	少数	高い	高い	高い	地元小売店，地元飲食店	
13	少数	低い	低い	低い	病院（受付），映画・劇場等	地方公共交通機関
14	少数	低い	低い	高い	タクシー（一般），病院（医師）	国際線航空機，タクシー（地元）
15	少数	低い	高い	低い	一般食堂	宿泊（ホテル型）
16	少数	低い	高い	高い	専門店（限定型），美容院	宿泊（旅館型），ゴルフ場（*3）

*1．**太字**は，情緒性優位に密接に関係する条件を示している．
*2．それぞれの業種・業態の典型例，他のパターンで展開する例もある．
*3．とくにキャディが配置されている場合．

スは，基本的には機能性優位のサービスであるが，タクシー・観光バスなど情緒的サービスのウェートの高い事業も含まれている。また，宿泊・飲食に関係する事業は一般に情緒的サービスのウェートが高いが，対人接触度の条件から機能性優位のホテル型も多くみられる。

さらに，貸切観光バスなど特定の交通機関を利用して直接宿泊施設に到着し，現地では指定された観賞施設や飲食店・土産品を主として利用する"団体型旅行"ではなく，一般公共交通機関等を組み合わせて利用し，旅行の過程と目的地において自由に散策し，さまざまな施設や店舗を利用する"個人型旅行"においては，利用するサービスはさらに多様なものとなる。実際にも国内および外国の都市を訪れている日本人旅行者，また来日外国人旅行者の多くは，一般市民が日常的に利用している生活サービス業にもかかわる機会をもっており，観光者を対象として成立している狭義の観光事業だけを対象としているわけではないことも理解する必要がある

このように観光におけるサービスは，性格の異なるさまざまなサービスから構成されている。また，観光は個々人の多様な行動を基礎とする社会事象であるため，観光に参加する人びとによって，提供されることを期待するサービスは大きく異なってくることになる。

❷ 観光者心理の基本的特徴

1）観光者の心理的特徴

"日常生活圏外に一時的に出かける人びと"という意味の観光者にみられる心理的特徴は，「緊張感」と「解放感」という相反する感覚が同時に高まることにある。日常生活を離れて，よく知らない土地での生活は不安感を抱かせやすく，外部環境の変化にすぐに対応できるように，心身ともに反応可能の状態を維持しようとする。この状態であることの意識が「緊張感」であり，感受性を高めることに作用し情緒的反応も活発になる。出会ったものごとに対しての快・不快，好き・嫌いなどの印象は強くなり，平素とは違うものに興味を感じ

る傾向がみられ，とくに外見的な珍奇さに心をひかれやすい。

　一方において，日常生活から離れることによって，生活にかかわるさまざまな煩わしさを一時的にせよ忘れることができるのであり，"気楽さ"を感じさせることになる。この状態であることの意識が「解放感」であり，人間を肉体的にも精神的にもくつろがせるのである。

　"楽しむことを目的とした旅行（＝狭義の観光）"の場合であっても，肉体的疲労だけでなく精神的疲労を覚えることが多いのは緊張感が生じるためであり，なんらかの目的をもっての旅行の場合であっても，楽しさを伴うことが多いのは，そこに解放感があるからである。このような相反する意識の組み合わせによって，観光者の基本心理は形成されている。

2）行動類型と意識

　観光者は基本的に「緊張感」と「解放感」の両方の意識をもっているが，どのような観光行動であるかによって，それぞれ"組み合わせ"の度合が異なってくる。

　まず，個人での旅行か，団体の一員としての参加かという行動形態による影響がある。当然のことながら，「個人型」の場合は，すべてを自分自身で対応する必要があり，異なる環境での影響を直接受けることになるため，緊張も高くなる。その半面において，旅行での印象が強く，思い出となることも多い。これに対して「団体型」では，仲間がいるために相互に緊張の高まりが軽減されやすく，解放感の方が強くなる傾向にある。見知らぬ国や土地を訪れたとしても，団体の場合には，自分の周囲には知人が，ツアーに個人的に参加したとしてもコトバの通じる人びとがいるのであり，その点では安心感がある。

　旅行目的に関しては，何かを知る・学ぶことを主たる目的とする「教養型」と"気晴らし・楽しむこと"が目的となっている「慰安型」とでは，心理状態は基本的に異なっており，一般に前者は緊張感が強く，後者は解放感がより強くなりやすい。

　このように観光行動類型からみると，一般に「解放感優位型」となりやすい

のは，楽しみを目的とした団体旅行の場合であり，学ぶことを目的とした個人旅行」の場合の「緊張感優位型」と対称的である。

3) "潜在的欲求"の顕在化

観光を成立させる基本的条件である「時間」「金銭」および「情報」のそれぞれが，平素は表面化しにくい"潜在的欲求"を顕在化させることによって，観光者心理に影響を与えている。観光は，自由に使うことのできる時間，ある程度以上のまとまった金銭，行き先および旅行方法等に関する情報を同時にもつことによって成立しているのであり，これらの条件は，それぞれさまざまな欲求を刺激する力をもっている。

自由に使える時間をもった場合には，"気分転換を図りたい""いつもとは違う役割を果たしてみたい（役割の転換）""行動範囲を広げたい（行動圏の拡大）"などの欲求が刺激され，自由に使える金銭をもった場合は，"他者から大切に扱われたい（威信の拡大）""他の人と同じようなことをしてみたい（同調・模倣）"などの欲求が刺激され，情報をもつことによっては，"より多くのことを知りたい（好奇心）"などの欲求が刺激されやすい。

また，観光者は基本的に，"非日常的な一時的な状態"であるとの意識を共通してもっており，そのために対象に対する評価基準や要求水準そのものも平素とは異なる場合がある。観賞対象について審美的観点よりも"訪れたという満足感"が重視されることが多く，飲食物に関しては，味・価格の条件よりも"珍しさ""思い出になること"が評価のポイントとなる場合も少なくない。

さらに，購買行動に関しては，一般に「時間制限型購買行動」としての性格をもちやすく，事前に必要な情報をもっている場合を除くと，その場その場での非計画的購買（実物を目にし，手にとることによって，商品を発見し，購買意欲が高められたことによる衝動的購買）がなされやすく，それを可能とする金銭を所有している場合は，とくにその傾向がある。

❸ 観光におけるサービスの位置と役割

1) "旅の思い出"に関するエッセーの分析

　一般消費者から寄せられた共通主題に関する短文エッセーを素材として、そこに示された旅館や旅行に対する表現を通して、観光一般におけるサービスの位置と役割を考察してみよう。ここで対象とした素材は、大手旅行業者が企画した「葉書エッセー（もう一度泊まってみたい宿）」に全国から応募した人びとの作品で、予備調査の結果をふまえて設定した基準に基づき、応募者属性、居住地、対象旅館所在地をはじめ旅館利用の時期・旅行形態等および対象旅館に関するサービス関連記述の"あり・なし判定"を行い、内容分析（基準ごとに出現頻度を計量化する）を試みたものである。

2) 分析結果の概要

　まず応募者の属性・条件については、性別は女性が66％と過半数を占め、年代は10・20歳代（計10％）、30歳代（20％）、40歳代（17％）、50歳代（33％）、60歳代（16％）、70歳以上（4％）となっており、50歳以上が過半数を占めていた。

　利用時期・旅行形態等諸条件に関しては、対象とした旅館の利用経験については、「2回目・3回以上」および「今回が初めて」と明確な記述があった人はそれぞれ3％のみで、他は利用経験についての記述はなく、全体の97％が初めての利用であったものと推定される。また、全体の95％が当該旅館において1泊のみである。

　利用目的・同行者ともに明確な記述があるのは約半数であったが、目的では「慰安・行楽」が最も多く（32％）、次いで「新婚旅行（9％）」「（結婚・退職などに関係した）記念旅行（6％）」があげられていた。同行者としては「夫婦だけ（23％）」「夫婦に親・子供等を合わせた家族（15％）」「友人知人（8％）」の順であり、「一人（自分だけ）」が2％となっている。応募者の性別との関係では、女性は「家族」をあげる割合が男性よりも明らかに多く、また「友人知人」も

やや多いことが認められる。

　エッセーで取り上げている旅館の利用あるいは旅行を，文中に用いられていたいくつかの「キーワード」から判定してみると，「初めての」が用いられているもの9％，「最後の〜」「〜の前に（後に）」が用いられていた作品がそれぞれ3％みられた。また，その旅館利用が思い出となるような特殊な出来事の有無を，同様に文中記述から判定すると，「予約なしでの利用」「(旅行先で)病気になった・到着が遅れてしまった・お金に困った」が少数ずつあり，これらの"困った状態"で受けたよい対応の経験は，そのことだけで強い思い出となっている例が認められた。

* **利用した旅館についての記述**

　対象旅館に関しては，施設一般に関する記述があったのは21％，客室に関して全体の13％がなんらかの記述をしていた。風呂（大浴場）に関する記述があったのは全体の28％で，性別では男性により多く，年代別では高年代ほど多くなっており，対象旅館所在地としては関東甲信越および東北の旅館に関して割合がやや高くなっていた。

　利用旅館の料理に関して「満足した」という記述がみられたのは全体の41％で，内容記述の中での共通性が最も高く，性別では女性により多い。具体的記述としては，「量の多さ」を表現していたものが最も多く，「珍しい」「その土地ならでは」に関する記述がこれに次ぎ，「美しさ」を表現していたものは比較的少ない。

　利用した旅館のサービス一般に関して，"満足評価"の記述があったものは全体の34％で，「料理」に次いで共通性の高い事項となっている。応募者との関係では，男性により多く，年代別では年代の高い者程，その割合が多くなっている。サービスに関して，女将の応対に関する評価記述がみられたのは全体の11％で，男性・50歳代以上にやや多くみられた。また，利用者個々人に直接応対した客室係のサービスについての評価記述があったのは全体の13％で，中高年層女性（ほとんどが主婦）からの記述が多い。

その旅館を"もう一度泊まりたい"と思い出す記念品や写真等を保存していると記述されていたものが全体の6%で, 女性にやや多くなっている。思い出の記念品として, 寝具に添えられていた1本の草花(とメッセージ)について記述していた例が複数みられた。

3) 分析結果から浮かび上がる観光におけるサービスの意味

対象としたエッセーは, 葉書という限られたスペースで記述されたものであるが, それぞれが"もう一度泊まりたい"と思う理由を個人的に語っていることは共通しており, 設定した基準に基づいての量的分析は, 記述内容にはどのような条件・事柄が含まれているかを明らかにする有効な方法である。

分析の結果から, "もう一度泊まりたい"という思い出は, 対象となっている「旅館」に向けられているよりも"旅行そのもの"から生じている場合が明らかに多いことが認められる。つまり, 思い出となっている旅行があり, その旅行で利用した, あるいは「宿泊の場となった旅館」が, 「もう一度泊まりたい旅館」として記述されている傾向が顕著なのである。旅館について詳細に記述されている例が少ないことは, スペースの制約も関係しているが, 旅行経験が限られている一般の人びとが利用した特定旅館側の条件(その代表としてのよい応対の記憶)だけによって, "また泊まりたい"と考えることは多くはなかったと解釈するのが妥当である。

もとよりこのことは, 旅館側の条件が重視されていないことを意味するものではなく, 満足あるいは少なくとも不満足ではなかったとの評価が与えられているからこそ, "思い出づくり"を支えるものとして位置づけられているのである。実際にも, 約半数の作品からは旅館側の条件についてなんらかの記述がみられており, その際の"三大共通項目"は「料理」「サービス」「風呂(大浴場)」である。

分析結果を用語法分析という視点からみると, 全体の約3分の1にあたる作品がサービスについて記述しており, 用語法類型としては, 素材の性格から当然予想されるように, ほとんどすべてが評価型用法で, 対応の仕方が「素晴ら

しかった」「行き届いたもてなし」などの表現が用いられている例が多い。しかし，対応の仕方に対する評価だけではなく，"あること自体"が評価対象となっているタイプ"も存在しており，記述分析の中での「思い出の品」の例としてあげられた"草花とメッセージ"は，サービス理論で説明した「制度的個別化」の実践例に含まれ，用語法では"あり・なし型"に該当するが，「自分たちのためにしてくれた（for us）」と感じられたことが強い満足感を生じさせている。

満足表現の中には，旅館側の業務としてのサービス提供というよりも，むしろ多くの人に対して日常的に行われている"親切"に含まれると思われる対応が，利用者側からは"素晴らしいもてなし"と受けとめていることもあり，とくに"困った時に受けた親切"を忘れられない思い出としている例もかなりみられた。その一方では，旅館の客室係のさりげない応対に"業務としてではない人間的なやさしさ（これをホスピタリティにあふれた行為と表現している場合もある）を感じ，個人的に強い満足を覚えたことが思い出の源泉となっているとした事例もみられ，平素よりも感受性が強まりやすい観光者心理がサービス評価に影響を与えていることが認められる。

❹ 観光者のサービスへの期待と評価

1）"新しいサービス"に対する期待と満足―不満足の仕組み

消費者の興味・関心を集めたり，利用客として獲得することを目的として，新サービス導入が盛んに行われており，航空会社や宿泊業など，観光に密接にかかわるサービス業においても，このような取り組みがみられる。

サービス用語法分析で説明したように，新サービスの導入は，従来はなかったサービスが「あること」によってプラスの評価が生まれることを期待したものであるが，強い印象を与えることができるのは一般に短期間だけであって，それが継続されたり一般化したりすることによって，「あるのは普通」と受け止められやすくなるという性格をもっている。さらに，あるものと期待された

サービスがない場合には不満を生じさせることに注意する必要がある。

　新たに導入されたサービスに対して，どのように反応し，評価するかに関して，旅館型宿泊業が導入した"新しいサービス"を例として分析してみよう。取り上げた"新しいサービス"は，いずれも特定あるいはごく一部の旅館だけが最近とりいれたものであり，その中から回答者とした若者が興味・関心をもちやすいと考えられた12種類を選定して，「事前には知らずに，現地で知った場合」と「あることがパンフレットに記載されていたり，ホームページなどに掲載されていたにもかかわらず，実際にはなかった場合」の反応を比較することを通して，満足―不満足の仕組みを分析したものである。なお，回答者を若者（大学生男女）としたのは，用語法分析の結果と関連させて，現代若者のサービスに対する態度を考察する手がかりとなると考えたからである。

　まず，事前予告がなく，現地で「あること」がわかった場合に最も満足すると回答したのは，「最寄観光施設まで無料で送ってくれること」で，性別による差異もほとんどない。全体の60％以上が「満足するだろう」と回答したのは「夜食の無料での提供」「夕食メニューの現地選択可能」「到着時の抹茶提供」「朝食時の好み卵料理提供」の4項目で，予想される満足度は全般的に女性の方が高くなっていた〈表6〉。

　これに対して，事前に記載・掲載されているにもかかわらず実際にはなかった場合に不満を感じるであろうと回答した割合は，「最寄り観光施設への無料輸送」96％，「夕食の現地選択可能メニューの選択」83％と，きわめて高くなっている。予想満足度とともに予想不満度も低い「軽食用自販機の館内設置」以外のすべての項目に対して不満率は50％以上となっていた。全体的にみて，用語法の分析結果にみられた，現代若者の"あって当然意識"がきわめて強いことが示されており，「あると期待したサービスが実際にはなかった場合」に予想される不満はきわめて大きいことが認められる。

[2） サービスにおいて「くいちがい」を生じさせるもの]

　「くいちがい（discrepancy）」とは，要求水準に関して「予想」と「実績」と

第 5 章 観光におけるサービス

表 6 旅館内施設・対応等に対する評価　　〔%〕

旅館内の施設・対応等		現地で発見・遭遇の場合		事前に記載・掲載の場合		場面の比較
		A. 満足する人	B. 男性と女性の差	C. ないと不満な人	D. 男性と女性の差	E. (C)-(A) (全体)
〈抹茶の提供〉 1. 到着時に抹茶が提供される	全体	65.4		64.7		
	男性	54.9	−16.9	58.8	−10.0	−0.7
	女性	71.8		68.8		
〈カラー浴衣の使用〉 2. 館内着がカラー浴衣で自由に選択できる（無料）	全体	41.2		54.4		
	男性	19.6	−34.7	37.3	−27.4	13.2
	女性	54.1		64.7		
〈お茶菓子の選択〉 3. 客室で出されるお茶菓子の種類が多く選択できる	全体	59.6		62.5		
	男性	52.9	−10.6	54.9	−12.2	2.9
	女性	63.5		67.1		
〈貸切露店風呂〉 4. 貸切露店風呂がある（有料）	全体	36.8		65.4		
	男性	37.3	0.8	72.5	11.3	28.6
	女性	36.5		61.2		
〈格安エステ施設〉 5. 宿泊者だけが利用できる格安なエステ施設がある	全体	32.4		53.7		
	男性	21.6	−17.2	51.0	−4.3	21.3
	女性	38.8		55.3		
〈夕食メニューの選択〉 6. 夕食の料理の何品かが当日到着してから選択できる	全体	65.4		83.1		
	男性	54.9	−16.9	84.3	1.9	17.7
	女性	71.8		82.4		
〈パーティールーム〉 7. 夜遅くまで仲間と騒げるパーティールームがある（無料）	全体	55.1		69.1		
	男性	58.8	5.9	76.5	11.8	14.0
	女性	52.9		64.7		
〈夜食の無料提供〉 8. 館内で夜食（おにぎり）が無料で提供される	全体	66.2		66.2		
	男性	64.7	−2.4	60.8	−8.6	0.0
	女性	67.1		69.4		
〈軽食用自販機設置〉 9. 暖かいピザやたこ焼が購入できる自販機の設置がある	全体	10.3		18.4		
	男性	9.8	−0.8	21.6	5.1	8.1
	女性	10.6		16.5		

表 6 つづき

〔%〕

旅館内の 施設・対応等		現地で発見・遭遇の場合		事前に記載・掲載の場合		場面の比較
		A. 満足する人	B. 男性と女性の差	C. ないと不満な人	D. 男性と女性の差	E. (C)−(A)(全体)
〈好みの卵料理を提供〉 10. バイキング形式の朝食時に好みの卵料理を作ってくれる	全体	61.0	2.7	60.3	1.8	−0.7
	男性	62.7		61.8		
	女性	60.0		60.0		
〈記念品進呈〉 11. 来館者(利用客)に記念品の進呈がある	全体	51.5	−22.7	66.9	−16.0	15.4
	男性	37.3		56.9		
	女性	60.0		72.9		
〈最寄り観光施設への輸送〉 12. 最寄りの観光施設まで車で送ってくれる(無料)	全体	86.8	−3.9	95.6	−2.4	8.8
	男性	84.3		94.1		
	女性	88.2		96.5		

の不一致を意味している。人間の行動目標と実績の不一致は「達成差」と称され，一般にマイナスの不一致は失望を感じさせ，一時的にせよ意欲を減退させる。また次の目標を，実績とかかわりなく下げさせたり，他の方向へと転換してしまう場合もあり，実績と次の目標との間に生じるズレは「目標差」と称される。これらはともに，時間的連続性をもつ人間行動における予想と実際との"くいちがい"である。この仕組みを理解せずに行動パターンを単純化して市場対応を誤ってしまい，さらにくいちがいを生じさせている例はサービス業を含めて多い。

くいちがいは「ミスマッチ」とほぼ同義語であり，行動が相互に行き違ってしまったり，合致しないことを意味しているが，その原因には，ある時点における対象理解に誤りがあった"認識の失敗"とともに，具体的活動の方法や手順の不適切さによる"方法の失敗"あるいは"手順の失敗"と称されるものがある。さらに，サービスに関して，くいちがいが生じやすい原因には提供者側と利用者側との"情報の重要度認識のギャップ"がある。

満足―不満足評価の対象とした，旅館における無料の便宜供与や食事メニュー等が選択可能であることなどは，提供者側にとっては利用客誘致のために用意した"たくさんの要素の中のひとつ"に過ぎない場合が多いが，個々の利用者にとっては，それぞれが当該施設を選択・利用するうえでの"絶対条件"としてとらえられる場合があり，若者をはじめインターネットなどの電子媒体利用者にはこのような傾向が顕著である。旅館をはじめ観光に直接関係した事業においては，パンフレットに記述した事柄や電子媒体上に記載した事項は，「当然あるもの」と期待される客観的情報となることを理解する必要がある。

選択における「満足―不満足」については，選択にかかわった多くの項目それぞれが満たされた度合の総和によって全体としての満足―不満足が決定されるとする「補償型モデル」と，選択にあたって重視した特定項目に対する期待が満たされた否かによって全体の満足―不満足は規定されるとする「非補償型モデル」とが考えられている。一般に利用客満足度把握においては，前者のモデルが用いられることが多いが，旅館に対するクレームの実態をみると，ごくささいな事柄に対する不満が全体評価を左右している例が多く，後者のモデルに基づいた分析が必要である。

新規利用客獲得をめざして次つぎに新サービスが採用される状況においては，新サービスの効果が短期的なものとなり，新サービスが"あって当然"と期待されるサービスのひとつになりやすいことに注意する必要がある。観光事業において"新しいサービス"を導入するにあたっては，利用客の期待を過度に刺激するのでなく，継続的に提供できる仕組みを構築すること，安定性のある応対体制を整えることをより重視することが必要である。

5 "新しい観光"とサービス

1) "新しい観光"とは

かつては一部の限られた層が参加者であった観光が国民の各層に広がるようになり，国内だけではなく外国に気軽に出かける人びとが増加するようになっ

てきた。観光が一般化するとともに、その目的や内容は多様なものとなる傾向を示し、専用列車や観光バスを利用して目的地へと向い、温泉地の旅館に宿泊し、周辺の観光施設を訪れる、といった従来型観光とは違った新しい形態がみられるようになった。一方において、観光が大衆化した結果として大量化したことによって、自然環境への悪影響、文化資源の破壊、環境と文化両面での地域社会への悪影響など、さまざまな問題も表面化してきた。

　このような状況を背景として、1980年代中頃から世界各国で、観光の"新しい（望ましい）ありかた"について論議されるようになり、「オールタナティブ・ツーリズム（Alternative Tourism）」や「サスティーナブル・ツーリズム（SustainableTourism）」と称されたが、「パッケージ・ツアー」に代表される従来の団体行動型観光に対する批判的姿勢が共通しており、"あるべき論"として主張された傾向が顕著であった。

　一方において、観光が身近なものとして位置づけられたことによって、行き先地選択よりも、観光を通して体験しようとする行動の選定を優先して考えるタイプ（目的行為優位型と称される）が増加するようになり、それまでは観光の直接の目的とはならなかったり、全体の一部分に過ぎなかった行動を、主たる目的とする観光が登場してくる。

＊　目的を特化・限定した観光

　これらを仮に総称したのが、"新しい観光"であり、具体例としては、自然環境そのものを楽しことを目的とする観光（ネイチャー・ツーリズムおよびエコ・ツーリズム）、農業に親しむことや農村の生活を体験することを目的とする観光（グリーン・ツーリズムあるいはアグリ・ツーリズム）、日常生活を離れた環境でスポーツを楽しむことを目的とする観光（スポーツ・ツーリズム）などがあり、後にやや詳しく紹介する、健康の回復・増進を図ることを主たる目的とした観光（ヘルス・ツーリズム）もそのひとつである。

　これらの"新しい観光"に共通しているのは、目的を特化・限定することを最大の特徴としている観光形態であるという点にあり、旅行の形態としては、

個人型が中心となりやすいとしても，テーマによっては団体型がとられる場合も十分ありうるのである。

　なお，これらの"新しい観光"の中で，市場性が見込まれ，発展する可能性の期待される，いくつかを選んで「ニューツーリズム」と称し，行政と民間企業とが共同して支援しようとする動きもみられるが，本稿は市場性とはかかわりなく，従来の観光では注目されなかった観光形態に着目して扱うものであるため，あえて"新しい観光"という一般的表現を用いている。

2）"新しい観光"の一形態としてのヘルス・ツーリズム

　ヘルス・ツーリズムとは，健康回復・増進を図ることを主たる目的とした観光を総称したものであるが，意味・範囲などは明確化されてはいない。観光史の視点からみると，健康回復・増進を図ることは旅の有力な目的となっており，この傾向は観光への参加者が限られていた20紀前半にも継続しており，観光動機のひとつとして健康回復・増進があげられていた。

　「ヘルス・ツーリズム（Health Tourism）」の用語が，観光の一形態を意味するものとして用いられるようになったのは，1973年に当時の観光国際機関であったIUOTO（官設観光機関国際同盟）が，会員国を対象とし，温泉および自然資源を活用した健康リゾートの現状分析および，市場の成長可能性を図ることを意図した報告書タイトルとして用いたの最初であった。1980年代末から現在に至るまで各国の研究者がそれぞれに異なる視点から「ヘルス・ツーリズム」についての研究を発表するようになり，ホテル・リゾートを主たる場として展開される治療や健康増進活動として事業経営的視点から説明するものが中心となっているが，健康増進を目的として日常生活圏を離れた場所で行うレジャー活動として行動主体側から説明する研究もみられるようになっている。

　ヘルス・ツーリズム研究者の姜淑瑛は現在までの諸研究を整理して，ヘルス・ツーリズムは，医療・治療という健康の回復をめざした〔形態1〕から，健康増進を目的としている〔形態5〕までに分類することができると説明している〈文献は解説欄に記載〉。

〔形態1〕は医療あるいは治療を目的とした医学とのかかわりが密接なものあって，〔形態2〕は温泉をはじめ温度や気候，風景などを利用しているもので医療行為を伴わない場合も多い。〔形態3〕は美容・体重調整・禁煙・ストレス解消など，健康の回復と増進を目的としたものであり，この形態をヘルス・ツーリズムとしてとらえている研究も多い。これらに対して〔形態4〕は，温泉地をはじめ観光地一般の宿泊施設やリゾート・ホテルがフィットネス施設，エステなどの健康増進施設・サービスを提供し，それらが利用される形態であり，〔形態5〕は現在自分は健康であると認識している人が，さらなる健康増進や体力の増強を目的として，旅行中あるいは旅行先で，各種の自然接触型活動やスポーツ一般などの活動を行うものであることをひとつの特徴としているが，行動主体・目的によっては活動的である場合も含まれるのであり，スポーツ・ツーリズムと重複する領域がある。

* **ヘルスツーリズムの要件**

姜はさらに，類似用語との異同についての吟味をふまえて，ヘルス・ツーリズムは，以下の各条件に該当する観光行動を総称したものと説明している。

①自由な意思に基づき，日常生活圏外に一時的に移動するものであること。

②宿泊を伴い，同一宿泊地に2日以上滞在すること基本とするが，交通条件等によっては行き先地において概ね24時間以上滞在するものも含むこと。

③日常生活圏外への一時的移動の主たる動機あるいは目的は，自分自身の健康状態を点検すること，日常生活をスムースに過ごすことができる状態に改善を図ること，日常生活をより快適に過ごすことができる良好な状態をつくりだすことなど，広い意味での健康の維持と改善・向上に密接にかかわるものであること。

④旅行先あるいは滞在地には，温泉地をはじめ上記③に適合する条件を有する土地ならびに施設を含むものであること。

⑤旅行先あるいは滞在地において行う主たる行動は，上記③に適合したものであり，それを各人が自主的に行うか，作成されたプログラムに従って行

うかは，各人が予めあるいは利用時に自由選択できるものであること。
⑥旅行先あるいは滞在地において，専門医療機関利用を旅行構成要素とする場合，その旅行への参加自体を各人が自由に選択できるものであること。

[3) ヘルス・ツーリズムとサービス]

　観光において，参加者自身で行き先から過ごし方を決めることを基本とする"自主タイプ"と行き先地やプログラムが決っている旅行商品を購入・参加する"参加タイプ"とでは，求められるサービスは基本的に異なり，前者が個人的好みに応じた利便性や快適性を重視するのに対して，後者では"客として"丁寧に，さらに不満が生じないように扱われることをまず求める傾向がある。
　ヘルス・ツーリズムに期待されるサービスは，何を目的として，どのような形態を選択するのかによって，大きく異なってくる。前記したように，ヘルス・ツーリズムには，個人行動主体の形態から，個人として参加する場合もあるものの，団体型や旅行商品の対象となりやすい形態までが含まれている。わが国において，ヘルス・ツーリズムの最も代表的形態と一般に理解されている，温泉資源を活用して健康の回復・増進に役立てることを目的とする〔形態3〕および〔形態4〕の場合も"自主タイプ"と"参加タイプ"の両方の利用者がありうるのであって，それぞれが異なる期待をもつことが予想される。
　旅行商品を購入した参加者に関しては，参加態度による影響もある。一般に「旅行商品」の質と価値は，提供者側（旅行業や宿泊業など）だけでは決定できない部分があり，「サービスのあり・なし」を客観性のある形で完全に保証することは困難であり，楽しい旅行の実現には，参加者自身が楽しもうとする姿勢をもつことが不可欠であり，提供者側だけですべての参加者に同様な楽しさを与えることは不可能なのである。ヘルス・ツーリズムに関する旅行商品においても同様であり，「ゆったり過ごす」「のんびり滞在」などのキャッチフレーズは，その実現には参加者自身の意識と行動が大切であることを周知徹底することが必要である。
　ヘルス・ツーリズムを〔形態3・4〕に限ってみた場合でも，期待され・求

められるサービスは,宿泊事業のホテル型と旅館型の性格を併せもっており,そのいずれにウェートが置かれるかは,参加目的によって異なっている。

またヘルス・ツーリズムにおいては,自主タイプ・参加タイプともに,期待した健康回復・増進が有効になされるかが最大の関心事であるため,参加者個々人に対する現地受入れ側および旅行運営にあたる業者等の対応の適否が全体としての満足感に強く影響する。しかし,そこで求められる個別化は,楽しみのために利用する宿泊・飲食施設等でのものと基本的に異なる面がある。ヘルス・ツーリズムにおける個別化は,人間的応対による情緒的サービスの充実を必ずしも求めるものではなく,むしろプライバシーを重視し,干渉しないことを基本とした応対がより求められる場合がある。

スポーツジムや水泳プールなど健康増進施設を充実し,連泊すると料金が低減される料金制を導入して保養型温泉地づくりに取組んできた旅館が,さらなる需要拡大のために「1人1室利用可」を明示したところ,かなりの利用客増が図られたという実例があり,また,アメリカにおいて痩身や体調改善を目的として,1週間単位でリゾートホテルで過ごすパッケージ旅行への参加者(夫婦)が,滞在期間中は別々に部屋をとることを希望するケースが少なくないという事例もある。一般に,病気治療をはじめ,とくに美容や痩身目的の滞在においては,(治療・処置等の)過程を他者に見られることを望まない傾向があるとされている。

ヘルス・ツーリズムにおいても,利用者個々人に対する個別化は重要な意味をもつが,提供者側が利用者側に心地好い応対をすることを共通の基本とするのでなく,それぞれの利用者のニーズに対応することをより重視することが求められる。そのためには,施設等の現地受入れ事業者には,利用者に直接応対することよりも,一歩退いて見守る姿勢が求められる場合もあり,また,画一的に提供するのではなく,利用者の選択に委ねることを基本とする"情緒的サービスの機能化(配慮を施設化や物化すること)"が有効性を発揮する領域が少なくないと考えられる。

4)"新しい観光"に期待され・求められるサービス

　ネイチャー・ツーリズムおよびエコ・ツーリズム，グリーン・ツーリズムあるいはアグリ・ツーリズムなどの"新しい観光"においても，丁寧な個別的対応を重視したサービスを好まない人がいるという点において，ヘルス・ツーリズムに共通する面がある。

　"新しい観光"を好む人の中には，目的意識をもった主体性の強い人も当然含まれているのであって，提供されたサービスを喜んで受容する人というイメージの強い"観光客"として扱われることを好まず，各人各様の行動を許容する自由さがあることをより望む場合がある。

　しかしその一方では，平素の都市的環境から離れて行われることを特徴としているにもかかわらず，日常と同等な都市的アメニティーを当然のこととして要求する人たちも決して少なくはない。農村で一時的に生活するにもかかわらず，水回りの不備に強い不満を訴える参加者がいることは事実であり，また，環境や地域に適合するための行動ルールを十分に尊重しない人の存在は，とくにエコ・ツーリズムの大きな問題となっている。

＊　従来型サービスの是正

　"新しい観光"の登場は，ただちにそれに対応する"新しいサービス"を求めることを意味してはいない。重要なのは，観光客として扱われることを求めない人が行動主体に加わってくるという点にあり，お金を支払ってくれるお客さまとして，丁寧に対応することを基本としてきた，従来型観光事業の対応が必ずしも歓迎されない状況も生まれてきているのである。しかし，このことは，過去から現在へと改善が積み重ねられてきた，サービスの仕方全般が否定されることを意味してはいない。サービスとくに対人型サービスに求められる，状況に適った応対が重要であることを改めて示唆しているのである。

　"新しい観光"に適合するサービスとは，利用者が求めているものは，すべて同様・同等なものと考えてしまう傾向をまず改め，それぞれが異なる欲求や期待をもっているものとして，個々人を状況的に理解し対応することである。

そのためには，利用者の要望などを可能な限り事前に把握するための仕組みをもつこととともに，利用者に直接対応する従業員の対人理解力（とくにその前提として他者に関心をもつこと）を強化するための取り組みが求められるのである。

Ⅲ

サービスと観光の社会史

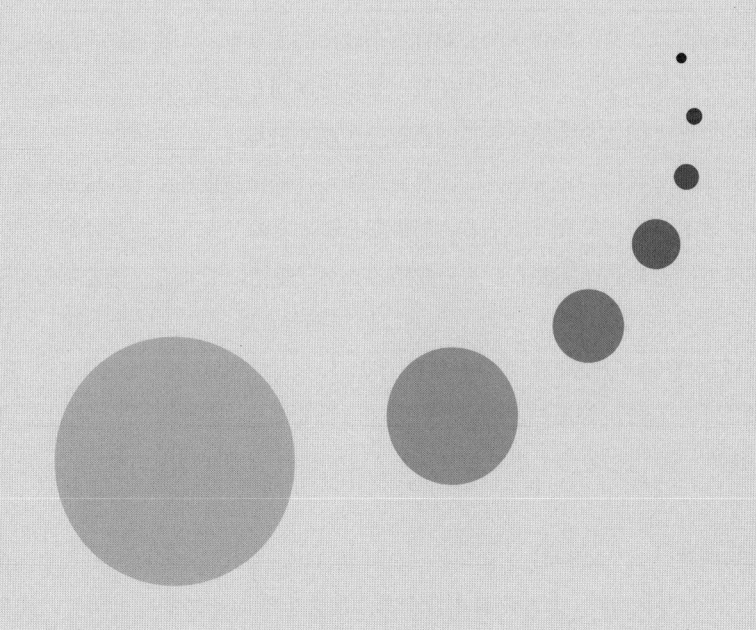

第6章 消費生活とサービス評価の推移

❶ 「期待」と「関心」の時代的変遷

　人びとが消費生活において期待するもの，関心が向けられる対象は時代によって異なり，利用するサービスに対する評価の仕組みにも変化がみられる。生活の高度化，欲求の多様化などと称されてきたが，生活における重要関心領域が同様ではないことは，心理学者 A. Maslow による「欲求段階説（階層説）」によっても説明されている。重要なことは，期待や関心は直線的に上昇し続けているのではなく，期待や関心が社会全般に高まりを示す高揚期と，新たなことに対する期待や関心がやや不活発となる低迷期とを繰り返しながら，徐々に全体の形態と構造を変化させているという点である。

　消費生活一般についていえば，社会に新しい変化が生じ，その広がりを多くの人が感じるようになってくると高揚期を迎えるのであり，これに対して，生活面における変化が実感しにくい段階，また，生活になんらかの変革が生じて一応の充足が図られたしばらくの間は停滞期となる。サービスに関しては，「ないのが普通」と思われていた段階では，とくに不満を感じなかったことも，やがて「あるのが普通」と考えられるようになると，「ないこと」そのものへの不満が一般化してくるのであり，とくに利便性への期待は次第に増大するようになっていく。

　大衆消費社会へと移行しつつあった時期（1950年代後半～60年代前半）から現代（2000年代初め）までの日本社会を，消費生活面での期待と関心の変化を軸として，いくつかの段階に区分し，各段階にみられる生活一般および観光面での変化，キーワードをあげ，推移の状況を整理してみよう。なお，サービス

第6章 消費生活とサービス評価の推移　101

評価の一般状況の変遷については，後段でまとめて分析を行うこととする。

〈表7〉

表7 （1955年から現在までの）日本社会における生活とサービス評価の変遷

段　階 （特　徴）	時　期 （年　代）	消費生活面での変化 （社会の推移状況）	観光領域での状況 （特徴的パターン）	段階のキーワード （生活との関連）	サービス評価の状況	
					サービスタイプ	用語法の特徴＊
関心低迷期 （与えられたものを受容）	1960年代の半ばまで	家電製品の普及継続，乗用車の普及本格化，TV観賞普及（プロ野球で長島大活躍），映画急速に衰退	"まれに楽しみを求める時代"，「旅行優位型」中心	何もないけど幸せ，段々よくなる，皆と同じに	機能的サービスの水準は低いが強い不満は少ない，親切な応対が重視される	③-Cが少しずつ登場
関心高揚期 （欠所補充と改善欲求顕在化）	1960年代の半ば～70年代の後半	さまざまな矛盾の表面化による抗争（公害問題，大学紛争等）ファーストフーズ・ファミレスの普及	"皆と同じように出かける時代"の到来，国内旅行に「旅行先優位型」，海外旅行では「旅行優位型」主体	違いがあることに対する不満噴出，皆がやる（利用する）なら自分もやるのが当然	機能的サービスの水準が上昇しだすが，他との比較で不満 親切な応対がマニュアル化されだす	③-Cとともに③-Aが急激に増加する
関心低迷期 （あるのが当然意識による不関心）	1970年代後半から80年代前半	新製品不活発，隙間・組合せ商品，若者(特に女性)向商品の台頭コンビニ大流行	"生活の中の観光の時代"に移行しだす，海外旅行にも「旅行先優位型」増大	"あって当然"，標準化・規格化，「マニュアル型」，女性購買力に注目	機能的サービスの水準がさらに上昇する，簡便さ優先され，人的応対への関心低下，セルフサービス普及	③-Aがさらに増加する
関心高揚期 （自分に合ったものへの欲望肥大）	1980年代前半から80年代末	機能型新製品の登場，女性(とくに若者)志向商品が主力商品	国内旅行に個人・グループが増大，国内・海外ともに「目的行為優位型」増加	「経済大国」意識，高付加価値高価格，"もっとよいものを"　"自分の好きなもの"	機能的サービスの高度化が期待される，情緒的サービスへの関心も高まる	③-Bも少しみられだすが，「評価型用法」が増加する

表 7 つづき

段階 (特徴)	時期 (年代)	消費生活面での変化 (社会の推移状況)	観光領域での状況 (特徴的パターン)	段階のキーワード (生活との関連)	サービス評価の状況	
					サービスタイプ	用語法の特徴*
関心低迷期 (個人的に興味あるもの以外には関心なし)	1990年代めから2000年代初め	流通業に新業態登場, 個人情報伝達手段が高度化・多様化	国内・海外ともに損得意識の強まり, 質よりもまずは価格重視, 健康・美容によい旅行への関心高まる	パーソナル重視, 仲間同士(他者に関係なし), 利己主義と社会参画意識が共存する人々	高水準機能的サービスを当然視する意識, 情緒的サービス充実よりも低価格が重視される	"あり・なし"だけで評価し,「評価型用法」が減少する
関心高揚期 (生活拡大派と生活縮小派の両極化進行)	2000年代初めから現在	バリアフリー一般化, 情報機器の機能拡大, 新型経済犯罪の増大, 教育荒廃と治安悪化	"韓流ブーム", 近隣諸国へ国内旅行の延長感覚で赴く傾向高まる, デラックス旅行と貧乏旅行の併存	国際貢献の増大, 規制緩和と競争, 社会格差の拡大, 個人情報保護	高水準機能的サービス維持を当然とする, 接客従事者の対応と言葉づかいに批判, 高度な情緒的サービス期待層もやや増加	③-Aとともに③-Bも増加する

*サービスの用語法分析での「存在型用法(あり・なし型)」と「評価型用法(よい・わるい型)」との関係分析において, ③. "あり・なしだけで評価するタイプ"はさらに, A "ないことだけでマイナス評価", B "ないことを期待したものがあった場合にはマイナス評価", C "あるだけでプラス評価", に区分される。A, B, Cはそれぞれを意味している。

❷ 各段階の特徴

1) 関心低迷期（〜1960年代半ばまで）

日本社会が大衆消費社会（Mass Consumption Soceity）に到達したとされる1960年代半ば頃までの時代であり, 全般的に期待が低く, 与えられるものを受容していた段階と称することができる。

この時期の一般生活水準は1980年代以降のものとは比較にならないほど低かったが, 自分と周囲の人びととがほぼ同水準であろうと相互に認識されてい

た。多くの人びとは,「将来は現在よりもよい状態になるだろう」という明るい見通しをもっており,他の人たちの生活レベルと同程度でありたいという気持つまり「人並み意識」が強まり,マスコミ報道を通して刺激・増幅された。報道手段として,この時期に普及が本格化するようになったテレビが強い影響力をもち,テレビ受像機そのものをはじめさまざまな家庭電化製品の急速な普及を促した。電話などの個人的情報伝達手段は未だ普及してはおらず,また冷暖房をはじめとする生活の基本的な利便性・快適性は整っていなかったものの,生活に対する満足度は決して低くなかった時期であった。また,以後の日常的消費生活に大きな影響を与えるスーパーマーケット形態が本格的に登場するようになったのもこの時期であった。

* **経済成長期のシンボル**

六大学野球で活躍していた長嶋茂雄がプロ野球ジャイアンツの選手として登場したのは1958年であった。長嶋が選手として17年間好成績をあげたことは疑う余地のないところであるが,彼がスーパースターとして社会から広く認められるようになった理由のひとつとして,プロ野球のテレビ観戦普及があったことを忘れてはならない。長嶋が入団した1958年におけるテレビの家庭普及台数(NHK契約数)は100万台にすぎなかったが,4年後の61年には1,000万台と急速に拡大した。そしてこの4年間は長嶋が選手とくに打者としてタイトルを獲得し続けていた時期でもあり,長嶋が選手生活の中でも最高の好成績をあげ続けていた時期に,テレビ通してそれを見ることができるようになった人びとが,急速に拡大していたのである。現役引退して40年近くなってからも,ミスター・ジャイアンツ,ミスター・プロ野球などと称される理由には,テレビ観戦を通して長嶋選手の活躍を目のあたりにした幅広い層の人びとの支持があるのであり,日本の高度経済成長期のシンボルとされるのも,経済発展に向いつつあった時代であったことを示している。

観光に関しては,参加者・参加回数の両面ともにまだ限られていた時代であり,"まれに楽しみを求める時代"と称される段階であったが,観光大衆化時

代へと少しずつ移りつつあった時期でもあった。旅行類型（旅行の選択においてどの条件が重視されるかによるタイプ）としては，旅行をすることそのもの（出かけるという決定をすること）が最大の選択事項であることを意味する「旅行優位型」が中心であった。

2) 関心高揚期（1960年代半ば～70年代後半まで）

前段階から徐々に向上が図られてきた日本社会は，この時期に継続的経済成長を背景に大きく前進し，とくに消費生活は家庭電化製品の普及がさらに進み，量・質両面において飛躍的に改善され，生活水準は向上した。しかし一方では，それまでは強くは意識されなかった不公平感や我慢してきた社会的事柄に対する不満が表面化した時代でもあり，欠所補充・改善に対する欲求が顕在化した段階と称することができる。

この時期には「東京オリンピック（1964年）」に続き，「日本国際博覧会（1970年，いわゆる大阪万博）」「冬季オリンピック（1972年，札幌）」などの国際的催事が相次いで開催されている。1973年秋には「（第一次）オイルショック」によって社会に大きな混乱が生じている。

この段階を象徴するのは，公害・環境問題をはじめ，新たな社会問題が浮上してきたことであり，工場等の排煙による大気汚染をはじめ，それまでは受忍範囲として受け止められていた事柄への反発が表面化し，社会問題化するようになった。さらに，さまざまな不公平や矛盾に対する不満が各所に噴出するようになり，1960年代中頃から世界各国で起こった「大学紛争」やコンシューマリズムの台頭も，社会ならびに個人生活の水準が一定以上に達した段階になって意識されるようになった，歪みや矛盾を背景としていたという点において共通性をもっていた。

サービスに関して注目すべきことは，この時期にファーストフーズに代表される新ビジネスがわが国に登場したことである。新業態の多くは，大阪万博開催時にテスト営業を行ったうえで市場への導入が図られたものであったか，主として若いアルバイト店員を配置し，「マニュアル」にしたがっての"規格化

された商品"と"定型化された応対"が若年齢層から人気を集め，チェーン店が急速に拡大した。

　高速交通体系の整備とくに1964年の開通後，便数を順調に増加してきていた東海道新幹線と，徐々に家庭に普及しつつあったカラーテレビを通しての連日の内容紹介によって，大阪万博に訪れる旅行がブームをつくり，来館者は当初予想を大きく上回った。観光は大阪万博見物を契機として，さらに続いて当時の国鉄が展開した「ディスカバージャパン・キャンペーン」が人気を集めたことによって，多くの人が"皆と同じように出かける時代"に移っていき，この時期に日本に「マスツーリズムの時代」が到来したと考えられる。ただしこの段階での中心は国内旅行であり，海外旅行者数も増加傾向にはあったが，行先地（国・地域）の選択よりも外国へ旅行することそのものに主たる関心は向けられていた。

3) 関心低迷期（1970年代後半から80年代前半まで）

　1970年代後半から80年代前半のバブル萌芽期あたる時期の日本は，1973年秋の（第1次）オイルショックの影響を引きづり，さらに1980年にはイラン・イラク戦争による（第2次）オイルショックに直面した。しかし，この時期に多くの企業が省エネルギー型商品開発に成功し，着々と経済大国への道を歩むこととなり，生産現場はもとより，社会の各所で標準化・規格化が促進され，その面での安定が急速に進んだ時期でもある。この時期の特徴は，"これくらいあるのは当然"とする意識の高まりであって，不満感もないが満足感も乏しいという状況が広くみられるようになったことであり，その意味において，"あって当然意識の高まりと不関心の段階"と称することができる。

　消費面では生活基盤サービスが大きく向上したが，耐久消費財の普及が進んだことから，世帯対象の新製品開発は全般的に不活発となり，代って生活上の不便さを補う「隙間商品」や既存商品を組合せた「アイディア商品」などが登場するようになってきた。

　見逃すことができないのは，消費市場における若者（とくに女性）の台頭で

あり，とくに80年代初頭以後，若者とくに女性にターゲットをあてた新商品が次つぎと開発され，いわゆる"80年代型消費"を形成する中心となってくる。またこの時期には，ファーストフーズ，ファミリーレストランなどのチェーン店経営がひとつの頂点に達し，「マニュアル」に基づいた対応が広く認知されるようになるが，「いつでもどこでも同じように」という肯定的意見よりも「決まり切った応対しかしない」という批判的意見の方が次第に多くなり，「マニュアル通り」が否定的ニュアンスをもった言葉として用いられるようになっていった。

観光に関しては，国内旅行では"皆と同じよう出かける時代"から，自分の生活様式や好みに応じて，それぞれが行先や行き方を選択したいと考える人が増加する"生活の中の観光の時代"へと早くも移りはじめ，海外旅行においても，訪れる国や地域の選択に関心が向けられるようになった。

4) 関心高揚期（1980年代前半～80年代末まで）

バブル経済時代と称される1980年代前半から80年代末にかけて（部分的には90年代初期まで）は，ハイテク技術を利用した機能型新製品が相次いで登場するが，すでに前の時期に始まっていた若年層とくに女性層志向の商品が主力となっていた。若い層を含めて多くの人びとの所得が増え，購買力が増大したことを背景として，既存商品とくに現在のサービス水準に満足せず，"よりよいもの"さらには"自分の好きなもの"を求める傾向が随所にみられ，サービスにおいては高度化・個別化を求める傾向が顕著になった。その意味において，自分に合ったものへの欲望が肥大化した段階と称される。

活発な経済状況を背景として，製品領域だけではなく，宿泊・飲食業をはじめとして，サービスには高付加価値高価格志向がみられたが，その利用者の中核となっていたのは「社用族」と称される法人需要であったことも事実であり，そのことが後々さまざまな弊害をもたらすことになる。

観光領域では，団体型から個人・グループ型へのシフトがさらに進んで，行先地選択よりも旅行中，目的地で何をするのかを重要視する「目的行為優位

型」が増大するようになり，海外旅行においても参加旅行者層の拡大とともに，行先地（国・地域）は多様化するようになり，国内と同様に目的行為優位型が登場するようになった。

5) 関心低迷期（1990年代初め〜2000年代初めまで）

1990年代に入ってまもなく，土地価格高騰を背景に約10年間継続していたバブル経済が急速に崩れ始め，政界腐敗による社会秩序の混乱と金融不安を底流とする経済不安が蔓延し，先行きに対する不安感が強まったことによって消費者の買控えが急増し，消費需要全体が停滞するようになった。

消費者の生活態度は，低価格志向・実質本位型購買へと変化を示すが，それは，相互に欲望を刺激し合って消費の高度化を志向した"80年代型消費"に対する飽きによる反動であるともいわれたが，この時期から，ひとつのオシャレとしての"シンプル・ライフ"が台頭するようになり，資格取得をはじめ学習一般あるいは健康・美容など，自分自身に役立つことに支出しようとする"自己投資型消費"が増大するようになった。

このような特徴から，この時期は，自分のことしか考えずに他のことには無関心で気に入ったものにのみ反応し，さらに"あって当然意識"が蔓延した段階と表現することができる。

この時期に大きな話題を集めたのが「価格破壊」という言葉であった。この言葉自体は，ダイエーの創設者をモデルとした経済小説のタイトルとして用いられたものであったが，消費の低迷を打破する手段として流通業界から提唱されたことによって広く知られるようになり，1994年の"流行語大賞"を獲得するまでになった。低価格商品による消費者需要喚起策は，前記した消費態度の変化などもあって完全に失敗するが，消費者の値頃意識を大きく低下させ，その影響はサービス一般さらには観光にも及んだ。

前段階にみられた，サービスの高付加価値高価格志向は，法人需要の減少とともに急激に衰退し，個人消費を中心に低価格志向が台頭した。観光に関しては，国内・海外ともに活発さを維持していたが，料金面での損得意識が急速に

強まり,質よりも価格面での競争が激化し,質のよい旅行が淘汰されかねない状況が生じるようになった。また,"自己投資型消費"の一環として,健康や美容によいと思われる旅行への関心が高まった。

この段階を象徴するキーワードとしては,「パーソナル(自分だけの)」「仲間同士(他人は関係なし)」「損得意識(少なくとも損したくない)」などをあげることができる。一方では,ボランティア活動への参加者が増加を示すなど,自己本位の利己主義と社会参画意識が共在する人びとが増大しており,このような傾向は若い女性層にとくに顕著にみられた。

6) 関心高揚期(2000年代初め〜現在)

日本社会は,バブル崩壊期の混乱を脱して,景気は回復に向うようになってきたが,景気回復のためにとりいれられた規制緩和と競争原理は,成果をあげる面もあったが,負の側面も少なくはなかった。許可制を届け出制に改めたことによって過当競争が生じ,従事者の年間所得が大きく減少する例もみられ,企業等に雇用される正規従業員が減少し,それに代って非正規従業員が大量に採用されたことによって,勤労者所得のアンバランスがさらに拡大されるなど,国民生活水準の差異が目立つようになり,「格差社会」という言葉が一般に用いられるようになった。さらに,「振り込め詐欺」などの経済犯罪の増大,教育荒廃に起因する事件の増加,治安全般の悪化など,社会の不安定状況は急速に強まっている。

この時期においては,生活が比較的安定している人びとは,それぞれ好みや目標に応じて,生活拡大と充実を図ろうとする傾向がみられ,その意味では「関心高揚期」と称されるが,一方には,今までの生活を維持することが困難になりつつある人びとも増大しつつあり,生活拡大派と生活縮小派の両極化が進行している段階とみるのが適当である。

この時期においては,すでに前段階に本格的な取り組みが始まっていたバリアフリーが行政機関をはじめ交通業・流通業さらに飲食業他に拡大された。また,前段階後半から始まっていた情報機器の機能拡大がさらに進み,小型化・

軽量化・多機能化した携帯電話は多くの人の日常的コミュニケーション・ツールとして完全に市民権を獲得し，また，インターネットを利用した消費活動は幅広い範囲に及んでいる。

観光に関しては，前段階末頃から韓国の映画およびテレビ番組が人気を集めたことの影響から，観光行き先としての韓国人気が高まったが，前段階からの低価格志向を基調として，韓国を含め近隣諸国へ，国内旅行の延長感覚で訪れる傾向が強まり，国内観光地がかなりの影響を受けている。観光においても，前記した生活拡大派と生活縮小派の両極化傾向がみられ，豪華宿泊施設等利用をアピールする高額な旅行商品が登場するとともに，低価格であることのみを訴求している旅行も少なくない。

この段階のキーワードとして注目すべきは「個人情報保護」で，顧客獲得と継続，サービスの高度化と個別化などと，プライバシーへの配慮をいかに両立させるかは共通した大きな課題となっている。

❸ サービスに対する評価の時代的変化

1) サービスタイプにみられる変化

時代的経過とともに，「機能的サービス」の水準は一貫して上昇しており，とくに1960年代半ばから80年代前半にかけて水準が大きく上昇したことが認められており，客観的に認めることのできる利便性や快適性を供与するという意味の機能的サービスが，この時期に大きく上昇したことは明らかである。しかし，それ以降の時期になると，上昇カーブはやや鈍化傾向を示すことになるとともに，高い水準の機能的サービスが維持され・改善されることは当然のことであると考える傾向が顕著なものとなってくる。

これに対して，サービスのやりかた，とくに利用客に対する人的応対を意味している「情緒的サービス」は初期段階では明確に位置づけられてはおらず，提供にあたる人それぞれの個人的行為に依存しており，利用者側から「感じがよかった」「ありがたかった」などと評価されたり，「無愛想」「不親切」など

と非難される場合もあった。1970年代に入り，機能的サービスの水準が上昇するようになり，新しいサービス業とくに若年層を対象とした新しい飲食サービス業態が誕生するとともに，"感じのよい接客手順"を標準化・規格化した"応対のマニュアル化"が図られるようになる。

機能的サービスの向上が社会全般にみられるようになり，標準化・規格化がさらに進むと"あって当然"と受け止める傾向が強まり，マニュアル型接客に対しては"慣れと飽き"から批判的な意見がみられるようになった。さらに，コンビニエンス・ストアの普及などによって，セルフサービス形態が飲食業などにも広まったこともあって，人的応対一般に対する関心が低下するようになっていった。しかし，経済活動が活発となったバブル経済時代には，機能的サービスの高度化とともに情緒的サービスの充実，とくに感じのよい，丁寧な接客応対を求める傾向が強まったが，バブル崩壊後は低価格であることが最優先されるようになり，一転して情緒的サービスは重視されなくなった。

1990年代初めから現在までの時期は，機能的サービスに関して高水準が維持され，さらに改善が図られることを当然と考える傾向が一貫してみられるが，情緒的サービスについては時期によって関心が異なっており，全般的に人的応対に対する関心は低いものの，近年，サービス従事者の接客応対の仕方とくに"言葉づかい"などに対する批判が中高年年齢層を中心に強まっている。

2) サービス用語法にみられる変化

「サービス」という言葉の用語法には，時代とともに変化する部分がある。すでに説明してきたように，それまで存在しなかったサービス，とくに生活に利便性や快適性を与えてくれる活動や仕組みが新たに登場してきた場合，人びとはそれを「サービスの向上」として評価する。しかしそれが継続したり，他にもあるようになると，それは"あるのが普通のこと"と受け止められるようになるのであり，積極的評価の対象とはならなくなってしまうのである。そして一方，"当然あるだろう"と期待・予想したサービスがなかった場合には，そのことで，"サービスがわるい"と評価されやすいのである。これらは，サ

ービス評価とくに用語法は，広い意味での生活慣習によって大きく影響されやすいことを意味している。

　各段階における用語法をみると，"あり・なし"だけで，サービスの「よい・わるい」を表現する傾向が次第に強まっていることが認められるが，初期には"あること"を評価する表現（新しいサービス登場をプラス評価するもの）が多くみられるものの，次第に減少し，代って"ないこと"を批判・非難する表現（期待したサービスがなかったことをマイナス評価するもの）が増加するようになっている点に最大の特徴がある。このことは，人びとが生活において利用するサービスが一定以上の水準で安定的に維持されるようになった社会においては，関心ならびに評価の中心が，機能的サービスの"あり・なし"に向けられていることを意味している。

　経済が活況を呈していた時期には，情緒的サービスの適否によってサービス全体が評価されることもみられたが，バブル崩壊以後，このような表現は少なくなり，現在に至っている。一方，"状況的に不適当なサービスがあることに対する不満表現"は情緒的サービスが重視された時期にやや増加する傾向があるが，近年ではサービス提供者の服装や"言葉づかい"に対して，この表現が用いられる傾向がある。また前述したように，"人間味のある応対"をホスピタリテイの語で表現しようとすることも一部にみられる傾向である。

第7章 "人気温泉地"の変遷

❶ 「にっぽんの温泉100選」を通しての分析

　「にっぽんの温泉100選」は，(株)観光経済新聞社が1987 (昭和62) 年から継続して実施・発表しているランキングである。これは，特定の温泉地一般や温泉地の個別旅館を対象としたものなど，さまざまなタイプの旅行商品の企画・販売を通して，一般旅行者と各温泉地とを結ぶ役割を果たしている国内の大手ならびに中堅の旅行会社からの投票数によって順位が決められており，近年ではネットエージェントも対象として行われている。

　日本各地の温泉地ならびに旅館についての人気調査は，さまざまな形で行われているが，ほぼ同様な方法によって20年にわたって継続的に実施されている「100選」は，時代の変化とともに人気がどう推移してきたのかを知ることのできる資料のひとつとなっている。

　とくに興味深いのは，この「100選」は観光事業者の立場からみた"人気調査"であるため，旅行者が直接選んだものよりも，利用者一般の人気や期待の動向をより反映している面があるという点である。なお，「100選」を (前章で説明した) 時代区分と対比すると，「関心高揚期 (1980年代前半から80年代末)」の末期に第1回が行われており，「関心低迷期 (1990年代初めから2000年代初め)」を経て再び「関心高揚期 (2000年代初めから現在)」へと続いていることになる。

❷ "ベストテン"の推移

　まず第1回から第20回までを5年単位の4つの時期に区分し，それぞれの

時期ごとのベストテンをみてみよう。各期ごとのベストテンは，各回での順位をそのまま得点（ランキング1位は1点，以下同様に得点を与え，10位であれば10点）とし，合計点の少ないものの順位を作成したもので，31位以下であった場合は，一律に40点を与えている。なお，第1期終りの1991年に第2位に登場し，翌1992年に第1位になって以後2001年まで10年間第1位を独占し，2002年以後は"名誉入選扱い"となった古牧温泉は，他の温泉地と同様に取扱い難いことから，ここでの分析では除外した。〈表8〉

表8 "時期別ベストテン"の推移

第1期 (1987〜91)			第2期 (1992〜96)			第3期 (1997〜2001)			第4期 (2002〜06)		
順位	温泉名	(地域)	(類型)	順位	温泉名	(地域)	(類型)	順位	温泉名	(地域)	(類型)	順位	温泉名	(地域)	(類型)
1	和倉	(石川)	B	1	和倉	(石川)	B	1	登別	(北海道)	A	1	草津	(群馬)	B
2	雲仙	(長崎)	B	2	秋保	(宮城)	A	2	和倉	(石川)	B	2	登別	(北海道)	A
3	指宿	(鹿児島)	B	3	山代	(石川)	B	3	秋保	(宮城)	A	3	由布院	(大分)	D
4	登別	(北海道)	A	4	登別	(北海道)	A	4	道後	(愛媛)	B	4	黒川	(熊本)	D
5	別府	(大分)	B	5	雲仙	(長崎)	B	5	雲仙	(長崎)	B	5	指宿	(鹿児島)	B
6	温海	(山形)	A	6	指宿	(鹿児島)	B	6	指宿	(鹿児島)	B	6	下呂	(岐阜)	B
7	玉造	(島根)	B	7	鬼怒川/川治	(栃木)	A	7	草津	(群馬)	B	7	和倉	(石川)	B
8	山代	(石川)	B	8	上ノ山	(山形)	B	8	山代	(石川)	B	8	道後	(愛媛)	B
9	道後	(愛媛)	B	9	道後	(愛媛)	B	9	由布院	(大分)	D	9	城崎	(兵庫)	C
10	三朝	(鳥取)	C	10	下呂	(岐阜)	B	10	鬼怒川/川治	(栃木)	A	10	雲仙	(長崎)	B
								10	湯の川	(北海道)	B				

（類型＝宿泊規模構成〈別記参照〉）

1）第1期（1987〜91年）

この時期は"バブル経済"の絶頂期にあたり，国鉄の分割民営化，リゾート法の施行，「テン・ミリオン計画」の策定，行政機関の土曜隔週休みに続いて金融機関の土曜全休が始まり，本格的週休2日時代に移っている。

1990年には「花と緑の国際博覧会」が開催され，国内ではアウトドア・レクリエーションブームが訪れている。1991年春におこった湾岸戦争は間もなく終結したが，ほぼ同じ頃，約10年続いたバブル時代は終焉期を迎えることになった。国内観光は，招待・接待旅行はもとより，募集団体旅行や個人旅行

においても高品質高価格志向が主流となり，国内各温泉地にも大型・豪華を特徴とする宿泊施設が数多く登場した。

　この時期を代表する人気温泉地は，和倉・雲仙・指宿・登別の4ヶ所であり，いずれも5年間連続して5位以内に選ばれているが，圧倒的な人気を集めたのが和倉で5年連続第1位となっている。なお，別府，温海，玉造，山代の各温泉も時期を通して安定した人気を得ており，また道後が第3回（1989年）以後順位を上げているのに対して，三朝は第4回（1990年）以後やや順位を下げていた。

2) **第2期**（1992～96年）

　この時期に移るやいなや，まずデパート業界の業績低迷が顕著になり，バブル崩壊と称されるようになる。景気回復の決め手として，流通業界（とくにスーパー業界）から"価格破壊と規制緩和"の必要性が叫ばれ，その動きは次第に他業界にもおよび，観光分野にも低価格を特徴とする旅行商品が徐々に登場するようになり，招待・接待旅行の減少が顕著になってきた。一方，前の時期に建設が進められていた大型テーマパークが開業し，世界遺産に登録された地域などが観光対象として関心を集めるようになったが，1995年1月に阪神・淡路大震災が発生し多大な被害が生じた。

　この時期のランキングには大きな変化はみられず，第1期での人気温泉地は，いずれも上位を維持していた。新たにベストテン入りしたのは（1位を独占していた古牧を別にすると），第7回から連続して上位に入った秋保，第2期を通して安定した人気を得た鬼怒川/川治，下呂，また第6回からベストテンを維持した上ノ山などであった。

3) **第3期**（1997～2001年）

　この時期，引き続いて景気は低迷し，金融機関破綻も相次いだ。観光分野での価格破壊はさらに広がり，旅行商品の低価格化は宿泊業の収益をとくに圧迫した。長野オリンピック開催などのビッグイベントも開催され，いくつかの祝祭日を月曜日とする"ハッピーマンデー法"が制定されるなど，国内観光活性

化を図るための施策がとられ，また政府は外国人客誘致に積極的に取り組み出し，ウェルカムプランが策定された。

国内旅行においては，招待・接待旅行はもとより，団体旅行一般の減少が顕著になり，小グループや家族を単位とした旅行が主体となってきた。2001年9月にアメリカで発生した同時多発テロは世界の観光市場を不活発なものとし，海外旅行だけでなく国内旅行にも影響を与えた。またこの時期には，自然や健康に対する関心が社会的広がりをみせ，とくに心身をリフレッシュするものとして温泉に対する人気と関心が高まった。

この時期においてもランキング上位には大きな変化はみられず，登別が第1位を占めていたが，草津ならびに由布院の人気が急速に高まったのが注目された。とくに草津は1999年にベストテン9位に入ると，2000年3位，2001年2位と続進し，一方，由布院はこの時期に着実に人気を高めている。また1994年から99年にかけて連続してベスト10クラスを果たしていた湯の川が第10位を占めていた。

4) **第4期**（2002～06年）

この時期は小泉政権時代とオーバーラップしており，構造改革，民営化，情報高度化がキーワードとなったが，2005年後半にはITバブルなどの弊害も指摘されるようになった。この時期には前期末以来のテロリズムの世界的広がり，SARSなどの感染症発生によって，海外旅行の伸び悩みがみられる一方，"韓流ブーム"によって大勢の中高年女性が韓国を訪れるようになり，外国人客誘致を図るために，ウェルカムプランを具体化した施策としてビジット・ジャパン・キャンペーンが行われるようになった。

2005年には中部国際空港が開業し，「愛・地球博」などが開催され，景気回復への期待も次第に高まっていった。またこの時期に，大規模な温泉施設が都市部に相次いで開業し，温泉人気を背景に，手軽に代償満足を求める需要が広がっていることを示した。

この時期におけるランキングとくに上位の順位には大きな変化がみられ，草

津が第1位，由布院が第3位を占めたのに続いて，黒川が第4位となっている。第1期から第4期までを通して常にベストテン入りした温泉は，第1期の上位4位までを占めていた和倉・雲仙・指宿・登別に道後を加えた5温泉であった。

③ 温泉地宿泊施設構成との関係

各温泉地は，宿泊施設の規模とその構成を手がかりとして，次のように分類することができる。

A. 大規模施設中心型温泉地

客室数が100以上の大型施設が全施設の約3割以上を占め，相対的に小規模施設が少ない温泉地であり，登別，鬼怒川，那智勝浦などが該当する。

B. 大規模～小規模施設複合型

客室数100以上の大型施設から客室数29室以下の小規模施設までの施設から構成されている温泉地で，伊香保，草津，伊東，別府などが該当する。

C. 中規模施設型

客室数100未満60室以上の準大規模施設から小規模施設までで構成されている温泉地であって，蔵王，塩原，四万，奥飛騨，三朝などが該当する。

D. 小規模施設型

複数の小規模施設から構成されている温泉地であり，乳頭，銀山，野沢，白骨，黒川などが該当する。なお由布院は，現在は「C」にあてはまるとも考えられるが，発展経緯からみてこの区分に含めてある。

各時期のベストテン温泉地の宿泊施設構成をみると，第3期までにA・B以外のタイプでベストテン入りしているのは第1期の三朝（タイプC），第3期の由布院（タイプD）のみであって，他はすべてタイプAあるいはBの大規模施設型温泉地である。このことは，本ランキングが前述したように旅行業者によって選定されており，不特定多数のさまざまな利用者に対応することが可能な，大規模施設を複数保有する温泉地を対象としていることからみても，当然な傾向であろう。しかし第4期になると，タイプDにあたる由布院と黒川

がベストテン入りしており，旅行業者からみても，グループや家族旅行に好まれやすい小規模施設型が重要な位置を占めるようになってきていることが示されている。

④ （1987～2006年の）温泉地ベスト20

時期別ベストテンを作成したのと同様な方法によって，第1回から第20回までを総合して得点化して順位づけを行うことができる。〈表9〉

総合順位の第1位は登別で，和倉，指宿，雲仙がこれに続いている。これらはいずれも第1期から第4期まで常にベストテン入りしていた温泉であり，また第5位山代は時期別ベストテン入り3回，第6位道後は前記した通りすべての時期でベストテン入りしている。第7位～第9位には下呂・秋保・鬼怒川/川治が位置づけられているが，ここまでの9か所は第1回から第20回までにおいて，常に30位以内に登場しており，20年間にわたって安定した評価を得てきている温泉地であるということがいえる。第3期以後，急速に順位を上げてきている草津は総合で第11位，由布院は第15位となっている。

ベスト20の温泉地を宿泊施設構成別にみると，大規模施設中心型温泉地4ヶ所，大規模～小規模施設複合型13ヶ所，中規模施設型2ヶ所，小規模施設型1ヶ所（由布院が該当する）となっており，大規模施設型温泉地が多数を占めてきたことは明らかである。

このようにランキングを時系列に分析すると，温泉地の人気の推移や変化が浮かび上がってくるのであり，旅行業者も時代と変化をふまえた消費者対応が求められ続けていることを示している。

観光の志向や好みが大きく変化している時代に，長期間継続して人気を得ることはかなり難しいことであり，実際にも，一時期あるいは数年間かなり高い評価を得ている温泉地はかなりみられるが，十数年以上にわたって一定以上の評価を得たのは，それぞれの地域の特徴を十分に発揮して，不断の努力を積み重ねたきたことの結果というべきであろう。

第7章 "人気温泉地"の変遷

表 9 （20年を通しての）温泉地ベスト 20

順位	温泉名（地域）	登場回数＊	順位の変遷
1	登別（北海道）	20	第7回で18位となった以外は，常に5位以内にランクされており，13回以後は3位以内を連続中，大規模宿泊施設中心型温泉地として不動の地位を保つ。
2	和倉（石川）	20	第1回から5年連続1位を占め，その後も2位・3位ともに3回を記録，18回8位，19回7位，20回8位とやランクを下げたが，安定的高評価を得ている。
3	指宿（鹿児島）	20	第8回で16位，第14回で11位となった以外は常にベストテン入りしており，18回4位，19回6位，20回5位と再びトップ5に入る勢い。
4	雲仙（長崎）	20	第1回から5回まではベスト3位の常連，14回以降は10～13位に位置しているが，ベストテン入り通算15回の実績を有する。
5	山代（石川）	20	最高位2位（第6回），第5位以内に5回，ベストテン入り通算11回の実績，近年も12・13位と上位に位置している。
6	道後（愛媛）	20	最高位4位（第6回・第7回），ベストテン入り通算13回の実績，18回7位，近年は19回9位，20回6位と再びベストテンに登場。
7	下呂（岐阜）	20	第11回で24位となった以外はベスト20以内で，とくに第16回以降はベストテン入りし，18回・19回は連続して第5位を占め，20回は9位となっている。
8	秋保（宮城）	20	当初はベスト20程度であったが，第6回以後は10回連続してベストテン入りしていたが，第16回以後は再びベスト20クラスに。
9	鬼怒川/川治（栃木）	20	ベストテン入り通算6回，全回ともベスト20に入る実績を有する。18回・19回ともに18位に，20回は14位に進出している。
10	別府（大分）	19	第1回から5回まではベストテンの常連，第12回で32位となったが他はすべてベスト20以内で，近年はベスト15クラスを維持し，20回は14位を占める。
11	草津（群馬）	18	第6回35位，第7回36位，その後も第10回まではベスト30クラスであったが，13回でベストテン入りした後急速に順位を上げ，17回以後は首位を連続中。

表9 つづき

順位	温泉名（地域）	登場回数＊	順位の変遷
12	玉造（島根）	19	第15回で32位となったが，それ以外はすべてベスト30入りし，11回はベスト20以内で内6回はベストテン入りしているが，近年はベスト20クラス。
13	由布院（大分）	15	第5回までベスト20クラス，その後10回まではベスト30外であったが，11回に14位に再登場すると年々順位を上げ，17回以後連続して3位を占めている。
14	三朝（鳥取）	18	ベスト20入り14回，内3回はベストテン入りしているが，15回以後はベスト20クラス。
15	温海（山形）	16	第1回から11回まではベストテンあるいはそれに近い位置を連続して占めていたが，以後は順位をやや下げ，18回以降はベスト30から外れている。
16	城崎（兵庫）	17	ベスト20入り8回で，第15回以降は継続して高順位を占めており，18回以後は連続してベストテン入りをしている。
17	湯の川（北海道）	15	第6回以降連続してベスト30に含まれ，内10回はベスト20入りしており，近年はベスト20クラスを安定的に保っている。
18	伊香保（群馬）	15	ベスト20入り8回，第14回には8位となっている。第16回以降もベスト20クラスを保っている。
19	上ノ山（山形）	15	第1回から15回まで連続してベスト30，内11回はベスト20に，さらに4回連続してベストテンの実績を有するが，16回以降はベスト30から外れている。
20	有馬（兵庫）	15	第15回にベストテンに登場して以来ベスト20クラスを維持しており，18回10位 19回8位，20回10位と順位をさらに上げている。

（＊登場回数……第1回〜第20回のベスト30に登場している回数〈同順位はともに該当〉）

IV

観光とホスピタリティ

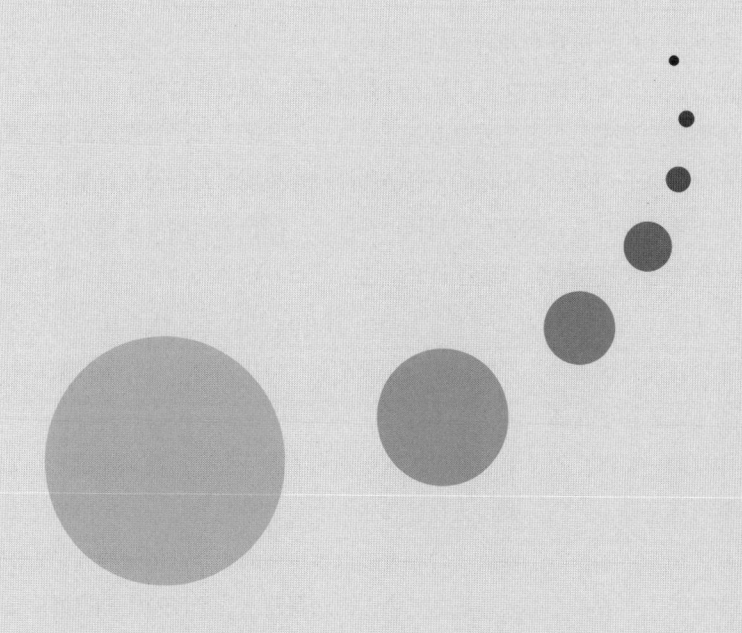

第8章 観光地におけるホスピタリティの役割

❶ 観光形態の変化とホスピタリティ

1) 歓迎されない旅人

　特定の観光事業関係者だけではなく，訪れた国・地域のさまざまな人びととの交流がみられる現代の観光においては，観光者（ゲスト側）を迎え入れる国・地域の人びと（広義のホスト側）は，よそ者である来訪者を拒絶せず，快く受入れる気持ちをもつことが期待されており，歓待の精神・姿勢としてのホスピタリティの必要性が強調されている。

　しかし，古来より他地からの旅人は警戒され，敬遠されやすいのであり，それを基本的に否定した考え方である「ホスピタリス」は，見知らぬ来訪者である「クセノス」の果たす文化的・経済的役割を重視したことを背景としてつくられたと考えられる。近代から現代にかけて，国民皆兵制度を採用しながら永世中立国として国際的に認知されているヨーロッパのスイスにおいて，訪れる外国人を快く迎え入れることが"Swiss Hospitality"と称されているが，その根源には諸外国との友好関係維持を国是とした広義の安全保障政策があったと解することができる。

　日本においては，古くから庶民の旅が盛んであったが，商業施設としての宿屋や飲食店を除くと，一般の人びとの旅人に対する態度は一般に冷淡であったとされている。しかし，参詣者の場合には事情は異なり，沿道の人びとが援助の手をさしのべることもみられ，そのことが遍路そして江戸中期以降に広がった伊勢参宮を支えたのである。参詣者は，信仰に基づく旅人として共感と同情をえやすく，巡礼者に対する援助は西国巡礼の中に，江戸時代以降において

は，四国遍路の中に濃厚に生き続けてきた。次章で述べるように，四国遍路の形態そのものは現代ではかなり変容しているが，参詣者に対する物品等の無料提供は「接待」と称され，現在も沿道では広く行われている。遍路者は自分自身のため，あるいは親族のために自ら労苦を求めている信仰の求道者として，地域の人びとから受け止められ，ゲストである参詣者はホスト側に対して感謝を表すことによって，接待行為を通してホスト側とゲスト側との一体化が図られてきたのである。参詣者を迎えて接待を行ってきた人びととの行為は，自発性と無償性の原理に基づいたホスピタリティの実践なのであり，遍路者側がそれを感謝の気持ちで受け止めるという"協力"があることを理解する必要がある。

2) 歓迎される観光客の誕生

19世紀中頃から，交通機関の発達と治安の向上，さらに通信手段が進歩したことを背景として，"個人的楽しみを求めて他地に赴く人"が登場するようになってくる。アメリカの歴史学者ブーアスティン（D. Boorstin）は，その事情を次のように簡潔に説明している。

　「……19世紀のなかばからヨーロッパにおける旅行の性格が変り始めた。それが旅行にかかわる一般的条件の変化によることはいうまでもないが，楽しみのための旅行を組織することに成功した人の登場は，旅行の性格変化という点できわめて大きな意味をもっている。

　旅行の性格の変化は，マス・ツーリズムの時代とされる現代においてその頂点に達している。昔の旅は，長期にわたる準備，時間の莫大な投資を必要とし，また時には生命の危険すら含んでいた。

　現代の旅行は安全で快適である。かっての旅行者は，現代では観光客となったのである。………」（*The Image*, 1962。〈邦訳『幻影の時代』による〉）

ここで指摘されている"楽しみのための旅行を組織することに成功した人"が近代旅行業の創設者とされるイギリス人トーマス・クックを指していることはいうまでもなく，旅行斡旋業が本格的に活動するようになった以後，旅行の

容易さが急速に増大し,それまでは旅行に出かけにくかった人や不慣れな人も旅行団の一員として参加できるようになる。経済発展による所得の増加,一般勤労者の労働時間短縮と年次休暇の確立などを背景として,楽しみのための旅行に参加することのできる層はさらに拡大され,世界大戦による二度の長い中断はあったものの,平和を取り戻すとともに復活され,航空機の大型化・高速化によって訪問する範囲はさらに拡大されることになる。

　楽しみのための旅行に参加する人びとは,一定期間だけ他の国や地域を訪問し,再び自分の生活地へと戻っていくことを特徴としており,旅行者一般とは区別して「観光客」と称され,歓迎されるようになる。それは,それぞれ生活している国や地域で取得した金銭を費消し,国や地域の産品とサービスを購入・利用する消費者(お客さま)という性格をもっているからである。

* 　旅行の性格の変化

　観光客の登場さらにその大衆化は,旅行の性格を大きく変えることになり,自ら計画をたてて準備し,楽しみを求めようとした能動的な旅行者に代って,他人が作った計画に従って,用意された楽しみが提供されるのを待っているだけの受動的な観光客となったと,ブーアスティンは批判する。

　この批判は,現代観光のかかえる本質的課題を指摘しているが,適当とはいえない解釈と説明もみられる。それは,旅行者と観光客との関係についての部分であり,能動的な旅行者が受動的な観光客に変質したのではなく,従来は旅行者となることが困難であった多くの人びとが,新たに観光客として参加できるようになったという意味での"旅行者の変化"と解するべきなのである。能動的に楽しみを求める旅行者は,現代においても存在し,また行動形態面では受動的観光者とされる団体旅行参加者においても,旅程の面での制約はあるとして,その枠の中で十分に能動性を発揮している人もいるのであり,能動的か受動的かを,外面的行動形態だけで判断するのは適当ではない。

　観光客の登場は,受け入れ側が旅行者用にさまざまなサービスを準備・提供し,旅行者が金銭を払って,それらを購入・利用するという関係を成立させる

ことになり，訪れた地域では，商品とくにサービスの消費者（お客様）として，歓迎される対象となったのである。

一方では，他の地域からやって来る，金銭をもち歩くよそ者としての観光者は，すりや泥棒の格好の標的となる場合もあり，またイスラーム文化圏では，金持ちとして応分の喜捨（バクシーシ）を求められことも生じてくる。

観光主体は観光客となり，安全と快適を保証する旅行日程が作成され，利用する施設が前もって準備されることによって，旅の途中で見知らぬ人とかかわりをもつ機会はごく少なくなり，ホスピタリティの実践を経験することもごく限られたものとなったのである。

3） 観光形態と"担い手"の変化

観光客の登場は，観光者を対象とした，さまざまな関係ビジネスを成立させることになり，観光需要の増大によって関係ビジネスが大きく発展し，その総体は観光産業と称されるようになり，現代では，石油・自動車・情報機器産業とともに，世界経済をリードする巨大産業のひとつに位置づけられるほどに成長している。観光産業が販売しているのは，基本的に，居住地から他地へ迅速に移動できる利便性であり，見知らぬ土地で安全に宿泊・飲食できる快適性であり，さらに，さまざまな楽しさや新しい体験の機会を提供することである。その典型的なものが，旅行業者等によって企画され，誰でもが参加でき，未知の国や地域にも容易に訪れることを可能とした「旅行商品」である。

観光事業と観光事業とをつなぐ形で構成された旅行の参加者が，旅行過程においてかかわりをもつのは，観光者を対象としてサービスを提供（販売）する民間事業者に限られることになり，これらの関係事業とくに従業員が提供するサービスの適否が観光客の満足を大きく規定することになる。

しかし，観光需要の拡大傾向を背景として，世界中の国・地域が観光客誘致に力を入れるようになり，国内においても全国各地が観光振興に積極的姿勢を示すことになる。それは，外部から消費者を誘致することによって地域経済活性化を図ろうとすることであり，同時に，国や地域の魅力をより多くの人びと

に知ってもらうことを地域発展の手がかりとしようとする取り組みである。

この段階において，観光振興にかかわる"担い手"には変化が現われてくる。

観光者に直接対応してきた民間事業者だけではなく，事業者による団体や協会が共同して広報活動を行ったり，新たな観光対象を作り出すことを意図してイベントを企画・開催したりすることがみられるようになり，また，関係行政機関も広報やイベントなどを通して，訪れる観光者に直接かかわる機会をつくろうとする傾向がある。

そして，観光がさらなる広がりをみせるようになり，観光形態も団体型中心の時代から個人やグループ単位で行動することが一般化した時代になるにつれて，"まち歩き"をしながら朝市や商店を利用したり，まちの催事に参加することを好む人がみられるようになり，結果として，地域の人びとさまざまな形で交流する機会が増加してくる傾向がある。この段階において，かつては観光事業従事者だけが担っていた感のある，地域を訪れる人びとに対する対応を，部分的にせよ，一般市民が担うことになってくるのである。

観光の進展による"担い手"の変化を図示すると次の通りである。〈図4〉

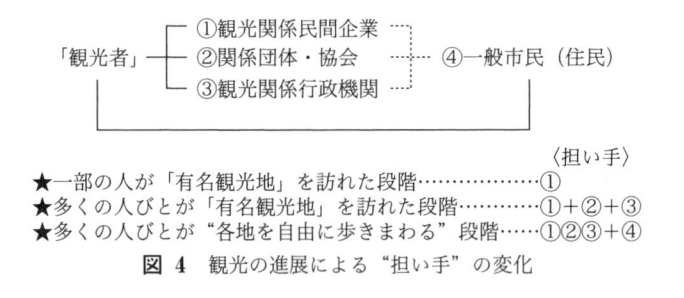

```
                    ┌─ ①観光関係民間企業 ┈┐
        「観光者」─┼─ ②関係団体・協会   ┈┼─ ④一般市民（住民）
                    └─ ③観光関係行政機関 ┈┘
                                                    〈担い手〉
   ★一部の人が「有名観光地」を訪れた段階……………①
   ★多くの人びとが「有名観光地」を訪れた段階………①+②+③
   ★多くの人びとが"各地を自由に歩きまわる"段階……①②③+④
```

図 4　観光の進展による"担い手"の変化

最近になって，地域振興，"観光まちづくり"などとの関連において，地域としてのホスピタリティ向上が大切であると盛んにいわれるのは，このように観光形態の変化によって，"担い手"としての一般市民の役割が以前とは比較できないほど大きな意味をもつようになってきているからである。

観光に関して，ホスピタリティの重要性がいわれるようになったもうひとつ

の理由は，観光事業が専門化・分業化されたことによって，全般的に人間的対応が欠落してきていることに対する利用者からの不満がある。効率性が過度に追及された結果として，やすらぎ・くつろぎを求めて訪れる人びとの期待にそぐわない応対が増加しており，また，「モノ」の製造・販売の分野での競争から始まった"価格破壊"がサービスの複合商品である観光の分野にも及んだことによって，元々無理があるような低価格で観光関係サービスが販売される結果として，いわゆる"手抜き商品"が登場するようになる。さらに，本来は熟練を要する仕事を臨時労働力が受けもつ傾向は社会の随所にみられており，これらに対する不満を背景として，"人間らしさが感じられる行為"に対する期待がとくに高まっているのである。

❷ 仲間意識とホスピタリティが支える地域祭事

1）観光事業が存在しない"観光地"

多くの人びとが"各地を自由に歩きまわる"段階における，観光者と一般市民（住民）とのかかわりを，やや異なる視点から分析してみよう。

不特定多数の人びとが，特定の観光対象にふれることに魅力を感じ，一時的に訪れる場所は一般に"観光地"と称することができる。現代の観光では，美しい自然景観に接することのできる場所や名所旧跡のある場所，温泉資源などに恵まれている所など，古くから観光地と呼ばれてきた所だけではなく，人びとが興味を感じ，関心を寄せるさまざまな地点や地区が観光地に該当するようになっている。

観光地には観光事業が成立・発展し，訪れる人びとは安全・便利・快適を基本要素としているサービスを購入・利用することになる。しかし，人びとが訪れているという意味では観光地に該当してはいるものの，観光事業がほとんど存在していないという事例もあり，訪れた人びとはその地域内ではサービスを利用することはなく，一定の条件を満たした場合に限って，地域内の人びととのホスピタリティの実践にふれる機会が生じるのである。ここでは，"4尺玉

花火打ち上げ"で全国にその名を知られる新潟・片貝地区の事例を考察してみることとする。

2) 片貝地区の概要

新潟県小千谷市の北部に位置する片貝は、江戸期から明治・昭和にわたる長い村の時代を経て、1947年片貝町となり、1953年の町村合併促進法施行によって、1956年に小千谷町および周辺の農村と合併し小千谷市を構成するひとつの町となり現在に至っており、現在、小千谷市の12％にあたる4,800人が居住者である。片貝地区は米作の他に、立地上の利点を生かし、製造業が古くから発達しており、注目されるのは、1781年に村営塾を設立していることであって、この塾は、明治以降、小学校・高等小学校時代を経て、現在の片貝中学校に継続されている。このことは、村塾を設置運営するだけの経済力があったこと、新しい知識を積極的に採り入れ、人材育成を図る意欲があったことを示しており、実際にも、多くの著名人を輩出してきている。

片貝地区では、江戸で花火が盛んになった元禄期から祭事などで花火打上げが行われていたが、村塾設置と同様に花火打上げを可能とするだけの経済余力と新しい知識と技術を採り入れる積極性が背景にあったと推測される。そして明治初期には、現在まで続く町内組編成や玉送り行事などが定められている。1891（明治24）年の浅原神社大祭では当時国内最大の3尺玉の4発打上げに成功を収め、全国に片貝花火の名が知られるようになった。

毎年恒例の行事あるいはイベントとして開催されている花火大会は全国に千件以上存在し、比較的著名な大会で観光対象となっている大会だけでも数百に及ぶが、打上げられる花火の数量の多い全国各地の花火大会の中で、開催日が固定されており、イベントタイプではなく祭事としての性格を維持し、打上げ場所が陸地であるという条件に合致しているのは片貝花火だけなのであって、現在は片貝の総鎮守浅原神社の大祭日である9月9日・10日両日に、神社裏の広場にパイプで桟敷を作り、後の山から打上げている。

3) 片貝花火の特徴と地区の人びとにとっての意味

　片貝花火と他花火大会との最大の相違点そして本質的特徴は，大会の企画・運営はもとより花火製造と打上げ，費用の拠出，観客の多くが，片貝居住者および出身者によって行われているという点にあり，自分たちが製造した花火玉を神社に搬納する「玉送り」「筒送り」という儀式が明治初期以来行われてきた。現在は火薬類取締法の制約から飾り立てた屋台を町中に引き回す形のパレードとなっているが，祭の重要な行事となっている。

　花火を個人として奉納するという考え方は片貝では古くからみられ，幕末期に行われた花火大会にもそれぞれに奉納者の名前が記されていた。現在，打上げられる花火のほとんどすべては片貝居住者および出身者が費用を拠出し奉納したものであり，奉納者名は「花火番付（プログラム）」に掲載され，打上げ時にはアナウンスされている。

＊　片貝花火のしくみ

　片貝では町を複数の組に分け，組単位で祭運営委員を選出し，奉納花火と玉送りなどの儀式を競い合うことが古くから行われてきているが，より強烈な仲間意識を作り出し，片貝まつりに活力を与えてきたのは，片貝中学校出身生が卒業時に名称を付した会を結成して，20歳（成人式），33歳・42歳（厄年），50歳，60歳（還暦）時に奉納花火を競い合っていることで，1950（昭和25）年に当時20歳になった人たちが成人式記念花火を打上げたのが最初で，その後，このような節目となる年にも順次拡大され，現在に至っている。町内会単位および同年会が節目奉納花火を打上げる場合には，特設ステージいわゆる"お立ち台"を利用して，揃いの法被を着用し提灯をもって"お立ち台"に登壇し，還暦記念時には亡くなった友人の名前を呼んだりしている。なお，花火を見物するための桟敷は，1979年から作られるようになり，6～8人が座れる広さで2日間用で料金は3万円程度である。

　片貝の人びとが奉納花火に拠出する費用負担は決して軽いものではなく，花火貯金という言葉が片貝では広く用いられている。3年前に還暦記念奉納花火

を同年会として打上げた方によると,一人あたりの拠出金額は8万円だったとのことで,今年の成人式記念花火を打上げた人たちの場合は,当時よりも同年の子どもの数がぐっと少なくなっていることから,その2倍近い金額となったものと推定される。片貝地区にも少子化傾向は確実に進行しており,少子化傾向は,一人あたりの負担に多大な影響を及ぼすことから,観光者を含む外部者にも祭の企画・運営に参画してもらうようにしてみては,という意見も一部にみられてはいるものの,本格的論議の対象となる段階にはまだ至っていない。実際にも費用拠出に対する不満が地域住民から,まだほとんどきかれないのが片貝の現状なのである。

4) ホスピタリティの実践にふれる機会

「花火番付(プログラム)」に掲載されるのは,最初は花火奉納者だけであったが,次第に贈る相手(地区や学校および家族や友人などの個人)の名前も記載されるようになったが,さらに奉納者から贈る相手へのメッセージを添えるタイプのものが多くなり,2006年ではメッセージ型とくに個人が奉納者として親族などにメッセージを送るというタイプが約6割を占め,さらにお祝いと供養とを一緒にした混合型も多くなっており,花火番付がコミュニケーション・メディアとして利用される傾向が強まっている。

また,まつりの期間には各家庭も紅白幕を飾り,属する町内会の印を掲げ,さらにそれぞれの家庭の自慢料理を,訪れる人(通りかかった人を含めて)に気軽に振る舞うことが一般に行われている。

花火大会時にみられる人びとの行動,とくに花火に添えられているメッセージの多くは,片貝の人びとの相互のコミュニケーションであり,それぞれ異なる環境で生きている人びとを"片貝に生まれ育った"という共通認識に基づく強い仲間意識を再確認し,相互に強化する作用をもつ内容のものとなっている。片貝花火にみられる地元の人びとの行動は"仲間"あるいは"せまい世間"への対応を最優先したものであり,観光者をはじめとする外部社会の反応や評価はほとんど意識の外におかれ,また,訪れる観光者を対象として露店などで営

業を行っているのは，ほとんどが外部業者であり，観光者が地区で利用（購入）することのできるサービスはほとんど存在していない。

　花火見物を商品化した旅行もJRや旅行会社から販売されているが，列車と貸切りを乗り継いで現地を訪れ，桟敷から打ち上げられる花火をただ見て，周辺の都市ホテルで宿泊するだけであり，その意味や面白さを理解することはできず，時間的に限られていることもあって地元の人びとと交流する機会をもつことはもとより不可能なのである。

　片貝の人びととの意識と行動原理が理解できない観光者は，打ち上げられる花火をただ見物するだけにとどまらざるをえないのであり，多少なりとも片貝のまつりにかかわりをもとうとするならば，片貝に友人や知人をつくり，仲間あるいは狭い意味での世間の端に自分をおくようにして，間接的に参加することが必要とされる。そうすることによって，地区の人びとによるホスピタリティの実践に触れる機会がはじめて開けてくることになる。

　このように，観光事業とのかかわりが乏しい観光地は，片貝まつりの例だけではなく，程度の差こそあれ，地方の伝統祭事にはみられるのであり，サービスではなく，素朴な形でのホスピタリティの実践を発見することができる場合もあるのである。

❸ 観光地とホスピタリティ

1） 観光事業従事者に求められる"よいサービス"の遂行

　観光事業に基本的に求められるのは，利用者が支払う金銭に見合ったサービスを提供することであり，事業従事者に期待されるのは，業務（有償行為）として行われるサービスの充実である。

　サービスの意味と内容さらに形態は，事業の種類によってさまざまであり，機能的サービス（はたらきの側面）の占める割合が大きいタイプもあれば，利用者個々人に対するサービス提供の仕方を意味している情緒的サービス（やりかたの側面）が重要な位置と意味とをもっているタイプもある。個々の従業員

の親切・丁寧な応対は，利用者の満足感覚に直結しやすいだけに重視されているが，この部分だけを取り出してホスピタリティと称するのが誤った表現であることはいうまでもなく，事業従事者の行為は，基本的にサービス行為としてとらえるのが正しい理解である。

"人間味ある対応"が乏しいことに対する不満は，一義的にはサービス従事者の情緒的サービスの遂行能力が不十分であることを示しており，必要とされる教育・訓練が不備であることに起因している。しかし，より本質的には，サービス実務の職務区分が実際の要請と不一致であることを意味しており，現場ニーズに基づいて再構成を図ることが求められているのである。

* **サービスとホスピタリティの混同**

このように，サービス実務の職務区分と実際とが乖離したことによって生じる隙間を埋めるようなサービスをホスピタリティ（ここでは利用者に対する気配りの意味）と称するのは誤りである。また，利用者が人間味のあるサービス（とくに個人的サービス）を受けたことによって，利用者が個人的満足を覚えた場合に，「ホスピタリティのある応対」と評価し，個々人それぞれに満足を感じてもらえるように応対することを「ホスピタリティの実践」と呼んでいることがあるが，サービス評価の仕組みを理解すれば，このような表現がともに不適当であることは明らかなのである。

とくに，「ホスピタリティある応対」といわれる場合，当事者（好ましいと感じた応対を受けた人）になんらかの満足を感じさせたという"個人的結果"を手がかりとした主観的評価なのであり，「ホスピタリティある応対」を一般性のある形で示すことはできえないのである。

また，「プロとしてのホスピタリティ」といった表現が不適当であることは前に説明したところであるが，基本的にホスピタリティはすべての人が実践できうるものなのであって，その意味では「アマチュアでも行うことができるのがホスピタリティ（＝無償行為）」であり，対比的にいえば，「プロが行うのはすべてサービス（＝有償行為）」と称されるのである。

観光事業従事者にまず期待されるのは、それぞれが担当しているサービスの水準を向上させ、さらに安定させることに努力することなのであり、多くの利用者に"満足を感じてもらえる（あるいは、不満を感じる人ができるだけ少ない）応対の仕方"を自ら追及する責任がある。

(2) 観光地におけるサービス向上の意味と意義

「サービス向上」とは、「よりよいサービス（利用者満足が高い状態）が成立することを目標として、提供者自身が設定した努力目標に向かって、主体的に、より望ましい状態をつくろうとする持続的活動」であると説明できる。

サービス向上を、「お客さまに満足していただけるようにするための活動」と解する傾向があるが、それはやや短絡的なとらえ方であり、サービス評価の仕組みを理解すれば、それが正しくない解釈であることが容易に分かる。

サービス提供にかかわらず、対象である利用者（＝消費者，社会）に満足してもらうことは、すべてのビジネスの究極的な目標であることはいうまでもないのであり、利用者に満足してもらえることは、そのサービス提供が社会にとって有用なものであることを意味している。しかしそれは、直接の利用者の満足だけが、「よいサービス」であるか否かを判定していることを意味しているわけではない。サービス評価は、本質的に不安定性をもっており、TPOによっても変動し、偶然性を多分にもっている個々の利用者の判定にだけ依存することはできないのである。「よいサービス」の成立には、提供者側の努力だけではなく、利用者側の協力も必要なのである。したがって、サービス向上は、"よりよい状態"をつくりだすことを目標とした、提供者側の継続的な活動として理解することが必要なのである。

観光地（観光事業を展開する地域社会）が、サービス向上を図ろうとする場合には、対象とする利用者（来訪してもらいたい観光者）に対するイメージをできるだけ明確なものとし、それを関係する人たちと共有する、という大きな課題に直面することになる。それは、目標として設定する"どのような人たちに満足してもらうのか"に直結しているからであり、それぞれの事業体（その代表

としての旅館など宿泊施設）が目標としている利用者と，地域全体として誘致したいと考えている利用者層および利用目的などとの関係を整理して，全体像を明確なものとすることが必要となる。

そして，目標とする利用者に満足してもらえる"よい状態"を自らがつくりだそうとして組織的に継続的に取り組むという意味での「サービス向上」は，次のような意義をもっている。

* **サービス向上の3つの意義**

第1は，サービスの提供に実際に従事している人びとの"はたらきがい・やりがい"を高めることに役立つということである。それぞれのサービス提供にあたる人が，自分の行っている仕事の意味と役割，現状と改善課題を再認識することによって，意欲の向上に結びつけることができるのである。サービス提供は組織的に行われているものであるが，個々の具体的な利用者に実際に対応しているのは，どこまでいっても従事者個々人なのであり，それらの人びとの意欲増進なくしてサービスの改善はありえないのである。

実際のサービス提供に従事している人びとの意欲を高めること，これこそがサービス向上の直接の目的なのであり，もしもこの部分が欠落していたとするならば，具体的なサービス向上が実現することはありえないのである。

第2に，利用者満足の増大を通して，事業経営とその発展に寄与するということがあげられ，観光地においては，事業体を通しての地域経済・社会の発展に役立つということである。第1の"働く人びとの意欲向上"が発端となり，利用者に対してより多くの満足を与える活動が展開されることが期待されるのであって，顧客の確保や増加，地域に対する評価の向上はその結果としてもたらされるものである。ただし，この"事業経営への寄与"に関しては，経営者や地域社会側の対応の適否も関係している。従事者の意欲向上を，経営あるいは地域社会の発展にどう活用するかは，経営者および地域リーダーの責任であり，役割なのである。

重要なのは，サービス向上の具体的な課題は，サービス提供に従事する人び

との意欲を高めることにあり，それを通して，利用者の満足を高め，その成果を活用することなのであり，順番あるいは原因と結果の関係を正しく理解することが必要である。

　第3として，サービス化の進展する社会を質的に高めることに貢献するということがある。このことは，「よいサービス」をつくりだそうとする努力が原因となって"よい結果"をつくり，それがまた次の原因となっていくことであり，サービス向上への取り組みが"大きな輪"として広がっていくことが期待できることを意味している。

　観光事業を展開する地域社会においては，訪れた観光者に対して，記憶に残るような「何か」を与えることのできるような，"応対の仕方"を確立することが必要である。地域性のある独自な「何か」が，その土地を強く印象づける役割を果たすことができるならば，観光地としての評価と他の観光地との差別化にも役立つのであり，観光地全体としての個性化と魅力向上に寄与することが期待できるのである。

　このように，観光地におけるサービス向上は，従事する人，経営事業体そして地域社会全般にかかわりをもっている活動であると理解する必要がある。

3）　一般市民（事業非従事者）に期待される"好意的な対応"

　地域観光事業のサービス向上に直接かかわっているのは事業従事者であり，さらに観光事業に関係した団体や行政の人たちであって，事業非従事者である一般市民（地域住民）は間接的な立場であることはいうまでもない。

　しかし，観光事業従事者は，業務として行うことが求められている範囲が必ずしも明確ではない面があり，有償行為の一部として行うものなのか，自発的に無償行為として行われるものかを厳密に区分することには困難が伴う場合があることも事実である。サービス業の中でも宿泊業に代表される接客サービス業務においては，担当職務が明確に区分されていない面もあり，提供者視点と利用者視点では食い違いが生じやすく，状況的に「それは私の仕事ではありません」と客からの依頼を断ることは，現在の日本では困難な場合が多い。

一方において，担当業務の一部に含まれるか，仕事を離れてのものなのかが曖昧な個人的行為に対して，"気配りを感じた""心暖まる応対だった"として，利用者側が高い評価を与えている例は少なくない〈→**第5章3節参照**〉。接客サービス業務においては，状況によって担当業務範囲を一時的に拡大しなければならない場合があり，拡大することが適当な範囲を，事業側は経験に基づいて整理しておき，従事者に対応の仕方を指導するとともに，このような臨機応変な行為もサービス業務であること（仕事の一部）であることを明示することが必要である。

さらに，事業従事者であっても，仕事を離れて一市民としての立場で，地域を訪れている人びとと個人的にかかわり合うこともあり，とくに観光地に所在する宿泊業に勤務している人には，このような機会が生じやすい。このような場合，一市民としての対応に含まれることになる。

一般市民に基本的に期待されるのは，観光者を含めて他地から一時的に訪れた人たちに対しても，友好的姿勢を示すことであり，それぞれの立場で，できるだけ自然体で接することが望まれる。このことは，観光者を誘致するためにだけ求められるものではないのであり，"魅力ある地域社会"をつくるための必要条件なのである。

観光形態が変化したことによって，観光者が一般市民と交流する機会が増大してきたことによって，"一般市民がホスピタリティある応対をすること"を観光振興の必要条件としてあげる論調が最近みられるようになっている。このような指摘がすべて誤りであるというわけではないが，①理由（何故そうすることが必要なのか，何を行動規範とするのか），②行動指針（何を，どのように行うことをホスピタリティの実践とするのか），③判定・評価基準（何を手がかりとしてホスピタリティある応対を判定し，評価するのか）という各事項についての明確な説明が伴っていないならば，行動規範としての意味とビジネス用語としての意味との"悪しき混用"の一種に過ぎないのであり，一般市民の理解と協力を得ることはありえないのである。

4) ホスピタリティのある観光地づくりの指針とすべきこと

　一般市民とくに地域の人びとに，観光事業に対する協力を要請するならば，その前提となるものは，観光事業に対する理解を深めることである。そのためには，観光事業の現状，今後発展をめざそうとしている方向などについて，行政とも密接な協力体制をつくり，定期的に情報を開示するとともに，意見を聴取する仕組みを構築しなければならない。

　このような形でコミュニケーションの円滑化を図ったうえで，観光振興を通して地域発展に必要とされる活動を整理し，市民の協力が必要不可欠な活動について理解を求め，"ボランティア"として参加してもらえる市民を募ることも有効である。そのうえで，継続的に展開することが可能であり，さらに市民活動として実践することに意義が認められる活動に限って行うことが必要であり，行政・事業者そして市民が，それぞれの受け持ち分野を相互に理解することが地域社会における活動の出発点である。

＊　理解の共通化が出発点

　このような考え方を多くの人びとが共有することこそが，"ホスピタリティのある観光地"を実現するための第一歩なのであって，ホスピタリティのある行為をどのように実践するのかは，その後の問題なのである。ホスピタリティの実践の仕方は，地域の歴史・風土的条件，さらに地域の慣習や個々人の性格や気質によっても当然異なるのであり，日本中のすべての地域が四国の遍路道にみられる"お接待"を行っているわけではないように，ホスピタリティの実践は本質的に多様なのである。

　地域社会において，観光振興を図るための"活動の輪"が広がりをみせるようになった時にはじめて，訪れる観光者に対する，市民としての"よりよい応対の仕方など"も自分たちの問題として考えられるようになるのであり，自発性を基本的性格とする，さまざまな活動が模索されることになるのである。

　一方的に地域住民に協力を求めても，それは，ホスピタリティある観光地づくりには結びつかないのである。

第9章 遍路における接待―ホスピタリティの実践―

❶ 遍路の意味と歴史

1)「遍路」の意味するもの

　信仰を深めるために，それぞれの宗教において聖地や霊場とされている場所を順次に訪れて参拝することは「巡礼（Pilgrimage）」と称され，訪問・参拝する場所は，宗教の発祥地，創始者が誕生あるいは逝去した土地や墓のある土地，聖人・聖者とされる人にゆかりのある所などさまざまである。イスラーム教徒のメッカ巡礼，ヘブライ教・キリスト教そしてイスラーム教それぞれにみられるエルサレム巡礼などは，世界的に知られている巡礼である。

　日本では古くから，西国巡礼（西国三十三観世音菩薩巡り），四国八十八ケ所巡りなどがよく知られており，熊野詣，出羽三山詣ならびに江戸期になって参拝者が急増した「伊勢参り」などは特定の寺社に赴くという点では参詣にあたるものであるが，参詣の途中にさまざまな寺社を訪れるのが一般にみられており，巡礼に含むこともできる。巡礼には，訪れなければならない寺院と巡る順番までが定められているもの（その意味から順礼の語が用いられることもある）から，参拝対象となる寺社名が明示されていないものまでがあるが，順次参拝して行く寺院・霊場には，参拝者が姓名等を記した小さな木札を訪れた証として残した（納めた）ことから，「札所」と称されている。

　これらの巡礼の中で，真言宗創立者である弘法大師の修行の足跡をだどり，四国の各地に点在する寺院（修行遺跡）を訪れる四国八十八ケ所札所を順次に参拝することをとくに「遍路」という。巡礼者（参拝者）は親しみを込めて，"お遍路さん"と呼ばれることがあるが，以下では，遍路は四国八十八ケ所札

所巡礼一般を意味して用い，その行動主体は"遍路する人"という意味から，「遍路者」と称することとし，接待とのかかわりについて述べる場合に限って"お遍路さん"の言葉を用いることとする。

　四国八十八ケ所巡礼は，その名の通り四国に点在する八十八ケ所の寺院を，一番札所（徳島・霊山寺）から高知・愛媛を経て，八十八番札所（香川・大窪寺）までを順次参拝するものであり，寺院にそれぞれ番号が付され，一番から番号順に回るのを「順打ち」，その反対に八十八番から出発して一番をめざすのは「逆打ち」と呼ばれている。全部を結ぶと，約1,200kmに及ぶ巡礼道であり，徒歩で回ると50日以上を要することになるため，全行程をいくつかに区分して参拝することは「区切り打ち」と称され，阿波（徳島）・土佐（高知）・伊予（愛媛）・讃岐（香川）の4つの国（現在の県）ごとに区切って行うことは「一国打ち」といわれる。

（2）「遍路」成立の経緯

　四国八十八ケ所巡りの起源については諸説あり，明らかになってはいない。

　四国の特定地が仏教修行地として知られるようになるのは平安初期であり，青年期の空海（後の弘法大師）が記述した書には，現在，八十八ケ所に含まれる寺院近辺の地名がみられる。さらに，平安末期の文献には，四国各地で海沿いの道を修行のために巡っている僧侶に関する記述がみられ，また，山岳修行を試みる修験者なども現われていたとされている。このように，平安末期から鎌倉時代頃に，現在，八十八ケ所に含まれる寺院近辺の場所が修行地として，一部の人に知られるようになっていたとされ，鎌倉初期に伊予（愛媛県）の豪族が，弘法大師を称えるためにそれらの寺院を訪れたのが最初の遍路であるとする説もある。

　804年に30歳の時に中国（当時は唐）に渡って密教を学び，806年に帰国した空海は，10年後の816年に高野山に金剛峰寺を開基し，さらに823年に東寺（教王護国寺）を与えられ，両寺において真言密教布教に努めた。空海（弘法大師）に対する崇拝は，死後，大師信仰として発展し，とくに讃岐（香川県）

善通寺で誕生した大師が，青年期を過ごした四国各地の霊場には多くの僧が参拝と修行のために訪れるようになった。なお，善通寺は現在，七十五番札所であるとともに，真言宗善通寺派の総本山でもあり，高野山，東寺とならぶ大師三大霊場のひとつとされ，現在は地名（市名）にもなっている。

なお，八十八ヶ所のすべてが真言宗の寺院ではなく，天台宗をはじめ禅宗系統の寺院も含まれており，弘法大師信仰の超宗派性をみることができる。

現在のように，弘法大師ゆかりの寺院を八十八ヶ所とし，それらを順番に参拝するという形がみられるようになったのは，かなり後の室町末期から江戸時代初期とされており，長く続いていた戦国時代の混乱がひとまず収束して，旅を行うための最低限の条件が整ったことが関係している。

僧侶や信心厚い一部の限られた人びとによって行われていた四国遍路に，広く一般大衆が参加するようになるのは，さらに社会整備が進み，庶民の生活が安定するようになった江戸時代初期から中頃にかけてである。

3）「四国遍路」の大衆化

江戸時代を通して一般庶民の旅は，手工業の発達と商品経済の発展を背景として増加した"仕事のための旅"を除くと，制限されていたが，信心と医療を目的にかかげた旅はその例外におかれており，信心を目的とした旅が広い意味での「社寺参詣」であり，医療を目的としたものが「湯治」であった。

社寺参詣は，祖先を崇拝し，除災招福を求めるものであり，封建制度維持に結びつくものとして施政者から容認されたが，日常生活の拘束を逃れることを願って，社寺参詣を名目として"自由な旅"を試みる人びとも現われてくる。

江戸時代における社寺参詣の代名詞というべき伊勢参宮は，室町期から全国各地で布教にあたるとともに，参詣者を組織することに努めた御師の活躍によって盛んになり，伊勢神宮は国の氏神とされ，一生に一度は参詣すべきものという考え方が社会に定着するようになった。庶民の伊勢参宮を支えたのは，各地につくられた「講（代参講）」であり，仲間同士で資金を出し合って，交替しながら（輪番で）参詣に赴くことができるようにした制度であった。

しかし，講の一員という形での参宮は，まず見込めない使用人や奉公人の中には，家長や主人の許可を得ないで，伊勢参りを試みる者が出でくるようになり，正規の手続きをふんで参詣する「本参り」と区別して，「抜参り」と称されたが，伊勢参りであるという理由で社会から許容されることが多かった。1650（慶安3）年，このような「抜参り」が大流行し，3月から5月の時期には，箱根の関所を越えて伊勢へと向かう人の数は，平年の5倍以上にあたる毎日2,000人に達していたことが記録されている。

1650（慶安3）年を第1回とした"抜参り大流行"は，1705（宝永2）年，1771（明和8）年，1830（文政13・天保元）年と，ほぼ60年の間隔でおこり，このような集中現象はとくに「おかげまいり」と呼ばれている。「おかげまいり」といわれるのは，参詣すると御利益がある（おかげをいただける年）という噂がたち，人びとが押しかけたことによるが，後で述べるように，沿道でさまざまな「施し（ほどこし）」を受けることができ，"世間のおかげで参宮できる"ということからもこのように呼ばれたとされている。

* 「案内書」の出版

四国遍路が大衆化することに大きな役割を果たしたのは，最初の「おかげまいり」と第2回目との中間にあたる1687（貞享4）年に，真言宗僧の真念によって四国遍路案内書『四国邊路道指南（へんろみちしるべ）』が編纂・出版したことであって，同書には八十八札所を紹介するとともに，札所間の詳細な情報も記載されていた。さらに，その2年後の1689（元禄2）年には，同じく真言宗僧の寂本が，真念の依頼を受けて各札所の縁起（由来）をまとめた『四国邊路霊場記（へんろ）』を出版した。真念は，遍路道の道標を各地に建てることなどにも尽力しており，四国遍路中興の祖とされている。

真念による案内書は，現代まで続いている，さまざまなガイドブックの基となったが，人気を集めた時代的背景に，庶民の旅への関心と意欲とが高まり，伊勢参りをはじめ，さまざまな社寺参詣が活発化しつつあったことがある。

地方公務員として勤務しながら郷土史研究者としての実績を併せもっていた

大野正義は，退職後に四国遍路9回をはじめ全国各地に巡礼を試み，新しい視点から四国遍路を論じた著作(*)を発表しており，その中で四国遍路が流行した最大の原因は真念の案内書が人気を集めたことであったとして，内容と影響について詳細な分析を加えている。実際に同書は，その後も長い期間にわたって刊行され，1836（天保7）年には4回目の再版がなされており，150年以上にわたり，多くの人びとの四国遍路の参考となり続けたのである。

　＊　（大野正義著『これがほんまの四国遍路』，講談社現代新書，2007年）

4）「四国遍路」の変遷

　江戸時代に社会に浸透した四国遍路は，次節に述べるように，沿道の人びとが遍路者にさまざまな無償の援助を行う風習にも支えられて，経済的に恵まれない人も参加できるものとして支持されてきた。

　明治期に移ると，政府が打ち出した神仏分離と廃仏毀釈政策によって，四国遍路も多大な影響を被って混乱し，低迷の時期を迎えることになる。その後，徐々に復活し，昭和初期にはいると，鉄道や乗合自動車などの新しい交通機関を部分的に利用する"新しい遍路"もみられるようになったが，大多数の遍路者は，従来通りの徒歩での遍路を行った。

　しかし，第二次大戦が終結して国民生活が安定する時代になると，交通・通信の利便性が改善され，さらにモータリゼーションの進展によって，四国遍路の性格は大きく変化することになる。

　まず，1953（昭和28）年に四国遍路巡拝バスが登場したのが始まりとなり，1960年代に入ると自家用車を利用して参拝を行う"マイカー遍路"が増加するようになる。1980年代後半以降は，瀬戸大橋をはじめ本州と四国とを結ぶ高速自動車道路が次つぎと建設されるようになり，自家用車のさらなる普及とあいまって自動車を利用して訪れる遍路者が主流となった。

　遍路に対する関心は，自然に触れること，心の平安を求めること，などに対する関心の高まりを背景としても広がりをみせるようになり，自動車利用と徒歩での移動とを組み合わせて，4・5日程度の日程で部分的に札所巡りを行う

旅行商品（パーケージツアー）が販売されるようになった。

　一方において，新しい体験を求めて，健康の維持・増進のために，あるいは定年退職などの人生の節目として，従来通りに歩いて四国八十八ヶ所札所巡りを試みる人びとも増加しているが，その人たちはとくに"歩き遍路"と呼ばれ，"新しい観光"のひとつのタイプとして位置づけられる場合もある。

　"歩き遍路"を志向している人たちを主たる対象とした案内書・ガイドブック類はすでに100種類以上が出版されており，近年にはNHK番組「趣味悠々」が3ケ月にわたって「四国八十八ヶ所・はじめてのお遍路」を放映し，大きな反響があったとされている（NHK教育テレビ，2006年9～11月放映番組）。

　各種のガイドブック等ならびに上記テレビ番組は，順路や途中での宿泊施設などとともに，遍路を行うに必要な服装や持ち物についても詳細に解説しているが，旅行商品とともに，必要な用品類を"巡礼セット"として販売している例もみられ，四国遍路が現代の観光・レクリエーションのひとつとしての性格を併せもつようになってきていることは否定できない。

② 四国遍路における「接待」の意味

1） 四国遍路と「接待」

　遍路に関する用語集は，「接待とは，地域の人ひどが遍路（遍路をする人）に対し飲食物や金銭，ときには一夜の宿を無償で提供してくれる風習のこと」と説明しており，一般に"接待すること"を"お接待"と称している。

　遍路者を接待することによって，接待する人自身も功徳が得られると信じられており，接待を受けた場合には，「納め札（遍路者の住所・氏名を記した紙札）」をお礼として手渡すのがマナーであると記されており，「納め札」を手渡すにあたっては，大師名号（南無大師遍照金剛）を唱えるのが礼儀であると記している解説書もある。

　参詣者や巡礼者に対して沿道の人びとが自発的に，さまざまな援助を行うと

いう意味での，広義の接待そのものは四国が発祥の土地というわけではなく，すでに15世紀初め頃に，近畿周辺の山間僻地を巡り歩く西国巡礼者に対して，地域の人びとが盛んに行っていたとされている。巡礼者に対しては，茶店は代金を要求せず，村民は貧しい中でも食物を与え，渡船の船頭は無料で乗せ，関所の役人も関税を徴収しなかったという記録が残っている。

中世にみられた西国巡礼に対する人びとの同情心と援助は，諸般の事情によって衰退した西国巡礼に代って江戸期に盛んになった四国遍路に引き継がれたと考えられると，交通史学者新城常三は説明している。

四国遍路における接待について，真念による四国遍路案内書の中に，遍路者用の無料宿泊所（＝善根宿と称される）が道中の村々に設けられている，という記述があり，すでに17世紀後半には定着していたことがうかがわれる。この100年余り後の19世紀初めに表わされた書物には，遍路者に対していたる所で接待が行われており，食物の他に草鞋の供与や宿の提供がなされていることが記されている。

2）接待の形態

四国遍路にみられる接待について，西国巡礼と四国遍路について丹念な文献・資料調査とさまざまな実態調査を行い，その研究成果を1970年に発表[*]した前田卓（元関西大学教授）は，①個々人がそれぞれに行っている個人接待，②各霊場（＝札所）近くに住む村人たちが共同で行っている集団接待，③四国以外の人びとが講を組織して接待品を運び込み，霊場（＝札所）で集団接待を行っている接待講，の3種類に区分されるとしている。

* （前田 卓『巡礼の社会学―西国巡礼と四国遍路―』，関西大学経済・政治研究所〈研究双書第26冊〉，1970年。このモノグラフは翌1971年に単行本として出版されているが，本稿は原著を参照した。）

第1の個人接待はさらに，A）自宅が遍路道の近くにあるため，その前を通る遍路者に接待をするもの，B）篤志家が霊場（＝札所）の境内や仁王門などの前で接待するもの，とに区分されると説明している。

第2の集団接待は，江戸時代から行われてきた地区も存在し，以前はかなり活発であったとされているが，前田が研究を行った時点ですでに衰微していると記されており，村落共同体自体が衰退したこと，自動車利用の増加など遍路形態の変化によって集団での接待が以前ほど歓迎されなくなってきたこと，各家庭へのテレビ普及によって，接待することを楽しみにしていた人が減少したこと，などの理由を指摘している。

　第3の接待講は，高野山南側に位置し，古くから大師信仰が定着しており，船便を利用して徳島に渡ることが比較的容易であった，現在の和歌山県の山間部に組織されたものが中心となっており，伊都郡かつらぎ町を拠点とする紀州接待講，海草郡野上町の野上接待講，有田・日高・海草の3郡にわたる地域の有田接待講について，それぞれ成立経緯と活動が詳細に紹介されている。

*　接待講の仕組み

　この中の野上接待講については，筆者も別途に郷土資料を参照する機会を得たが，それによると，江戸期に同地区の大師信仰者から遍路者に物品を供与しようという意見が出され，1789（寛政元）年実行に移し，以後毎年，弘法大師の命日（3月21日）前に物品を集めて，世話人が第1番札所（霊山寺）に出張して遍路者に接待を行っている。しかし，集まる物品が年々膨大なものとなったため，発足して50年余が経過した1842（天保13）年には，他の接待講と協力して，霊山寺境内に「紀州接待所」を開設し，そこで接待を行うようになったと記されており，四国遍路の広がりと密接にかかわっていたことが分かる。

　前田はまた，第二次大戦前までは，和歌山県以外の地域から定期的に訪れる接待講があったことを明らかにしており，とくに大阪・泉州地区の和泉接待講は1804年に始まり，毎年30〜50人もの世話人が1週間にわたって接待を行っていたという。しかし，これらの接待講が活発であったのは第二次大戦前までであって，戦後は衰退し，現在はそのおもかげも残っていないと記している。

　実際に現地調査を試みると，現在も継続されているのは，個人接待のみであるといってもよく，B）タイプの篤志家が霊場の境内で接待するものが最も多

くみられるが，A)タイプにあたる自宅およびその付近で行われるものも部分的に存続しているものと考えられる。

③　接待の動機

　前田はさらに，調査結果をふまえて接待する動機についても分析を行っており，① 難行苦行する遍路者に対する同情心による，② 遍路者に接待することは大師に接待することであって，善根を積むことによって功徳を得るという考え方による，③ 祖先の冥福を祈り，供養するため，④ 自身が遍路に出るかわりに接待をして善根を積もうとすることによる，の4つの理由をあげている。またこれら以外に，返礼応謝のために行う接待があることも記している。

　接待の形態との関係としては，個人接待は①・②，集団接待は②・③・④の動機が結びついており，接待講参加者の場合は②と④を前面に打ち出していたものと考えられる。

　①の難行苦行する遍路者に対する同情心が接待の動機・理由となることは，すでに西国巡礼にみられるもので，巡礼者に求道者として共感をおぼえ，なんらかの支援をしてあげようとする素朴な気持ちであり，程度差はあるものの，伊勢参りなどの参詣者に対しても同様な気持ちが働いていたものと思われる。

　前に述べたように特定の年に伊勢参宮に殺到した「抜け参り」の人びとを，馬・かご・船に無料で乗せ，笠・わらじ・銭などを提供（これを施業という）し，そのため無料で（他人のおかげで）参詣することができたのであった。しかし，それが「おかげまいり」と呼ばれるようになった時期以降に施業が行われた理由は，求道者に対する素朴な共感や伊勢神宮に対する崇拝心から生まれた参詣者に対する報謝ではなく，大群衆が暴徒化し，その行き先が大坂方面へと向かうことを警戒した豪商たちが資金を出し合って対応したものであったとされている。

　それは，両替商として知られた鴻池善右衛門が金460両（現在の貨幣価値で5千万円以上にあたる）を施業物として提供したのを筆頭に，大坂の商人や料亭組合は金銭・米・物品および船の便や人足をそれぞれ拠出しており，それらは

自発的な提供ではなく，割付施業としてあらかじめ割り当てられているのである。そして，参詣者がピークを過ぎ，暴徒化の恐れがなくなったと思われる時期になると，施政者側が突然，施業停止を命令することもあり，「おかげまいり」における施業は，報謝とはかかわりのない，一種の社会経済・治安政策として展開されたものであった。

現在も存続している接待の動機について，筆者の現地でのヒアリング調査によると，個人接待を行っている人たちに共通して最も多くみられたのは，前田がその他として記していた「返礼応謝のため」であったが，具体的理由として「自分が以前に他地で接待を受けことへのお返しとして」をあげるとともに，「両親（祖父母の場合を含む）が他地で接待を受けことへのお返しとして」をあげている人も多くみられた。

自宅で開業しているあるマッサージ師は，遍路を行った時に他の土地で接待を受け感激し，今度は自分でできることで何かをお返したいと思ったと接待の動機を語り，仕事が空いている時に遍路者に出会った場合，簡単なマッサージを無料で行ってあげているということである。またある女性は，1957年に遍路に出かけた両親から，行き先で「芋あんの入ったまんじゅう」の接待を受け，とても嬉しかったという話を何度も聞かされて育ち，家庭をもって生活が安定した30歳を迎えた時から，年に1回，「あん入りの草もち」を作って，近くの札所で接待を行うようになり，すでに40年間続けてきたと語っている。

このように，接待をされたので今度はお返しをする「返礼応謝」の考え方の定着，さらに，親から子へと引き継がれてきた「報恩意識」が，接待を成立させ，継続させていることが認められるのである。

4）「オスピタレーロ」と接待者との共通点と相違点

本章冒頭に記したように，聖地への巡礼は諸外国にもみられるものであり，世界にはさまざまな巡礼道が存在している。そのひとつに，ヨーロッパ南部のフランスとスペイン国境に横たわるピレネー山脈沿いに続いている，キリスト教（ローマ・カトリック教会）の代表的聖地のひとつである「サンチャゴ・デ・

コンポステーラ」に至る約 800 km の道は,「サンチャゴへの道 (El Camino de Santiago)」と称されている。

9 世紀初頭,キリスト十二使徒の一人である聖ヤコブ（スペイン語読みではサンチャゴ）の墓がスペイン北西部で発見されたとされ,伝え聞いた多くのキリスト教徒が巡礼者として同地に出かけるようになる。スペイン諸国の王侯貴族は競って巡礼者用の宿舎を建てるとともに,そこを訪れる道が当時北上するイスラーム勢力と対峙するカトリック世界の最前線にあたるため,軍隊を派遣して防衛し,巡礼者と巡礼道の保護に努めた。聖ヤコブの墓発見は,キリスト教世界の結束を図り,長い防衛線を共同して守ることを正当化するために作られた話であるという説もあるが,「サンチャゴ・デ・コンポステーラ」は,12 世紀にはキリスト教の一大聖地として知られるようになり,そこに至る道はヨーロッパ最大の巡礼道として,現在に至っている。

現在,「サンチャゴへの道」をたどる巡礼者は,最初に立寄った町で「巡礼手帳 (Credencial)」を発行してもらい,通過した町々でスタンプを押してもらうことになる。「巡礼手帳」所持者はいろいろな便宜を受けることができ,遍路者が「納め札」を用意することと同様な意味がある。なお,巡礼者として認められるのは,徒歩・自転車または馬で個人的に旅をする場合だけであり,近年の遍路に登場している"マイカー遍路"やバスを利用した"遍路ツアー"は対象になっていない。

巡礼道には「アルベルゲ (Albergue, 宿屋・小ホテルの意味)」と称される巡礼者用の宿泊施設が各所に設けられており,「巡礼手帳」所持者は無料で利用できるが,500～1,200 円程度を寄付金として喜捨する慣習となっている。

＊「オスピタレーロ」の役割

アルベルゲには巡礼者の世話をしてくれ,相談にも応じてくれる人が配置され,「オスピタレーロ (Hospitalero, 小さな宿屋の主人の意味)」と称されているが,銀行員など正規の職業につきながら,一定期間だけ継続してボランティアとして活動している人たち（男性）である。オスピタレーロになるために

は，1度以上サンチャゴへの道を巡礼者として歩いた経験をもっていることが基本条件であり，そのうえで1週間程度のコースを受講して，巡礼者への対応の仕方などを学ぶことが必要となっている。

第1章で述べたように，ホスピタリティの基本的性格は，①実践の仕方には決まりはないこと，②自発的なものであること，③無償性のものであること，④担い手は庶民であることであり，現在も続けられている接待は，これらすべての条件に完全に合致している行為であるということができる。

「サンチャゴへの道」でのオスピタレーロと，遍路道において接待を行う人びととは，自発性，無償性などの面では共通しているが，オスピタレーロは専門性をもったボランティアで，特定の仕事（宿泊の場を提供すること）を受けもっており，さらには対応においては，所定のやり方が求められているという点において基本的に異なっている。

これに対して遍路者に"お接待"している人たちは，各人各様の自分なりのやり方で，善意や好意を表現しているのであり，ホスピタリティの実践者として，これほど基本条件に適合している存在は，他に類をみないものである。

5）現代の遍路におけるホスピタリティの実践としての接待

遍路者に自発的に，無償で物品等を供与するという接待は，現代でも継続されており，とくに個人接待は札所あるいは自宅などで依然とし活発に行われているといってもよい。

しかし，四国遍路そのものが時代とともに変化してきてことは否定できないところであり，遍路に対応してきた接待もその形態は変ってきている。自動車を利用して遍路を試みる人の増加は，当然のように遍路道での接待を成立しにくくしており，さらに，食料品をはじめさまざまな物品の入手が以前とは比較できないほど容易になっていることによって，品々をタダで供与しても感謝してもらえないという事態も生じている。

現在，"お接待"は大きな危機に直面しているといわれており，その主たる理由は，接待を行う人と遍路を行っている人たちとの間に"微妙なひずみ"が

生じつつあることであるとされている。指摘されているのは，第1に，遍路を行う人の理由や動機とともに，形態そのものも多様化したことによって，遍路ならびに接待の意味についての理解にもかなり差異がみられることである。それが端的に現われているのが，"お接待"を受ける際のマナーの低下であり，感謝して"お接待"をいただくという，最も基本的なことが守られていないことである。実際にも，札所境内で行われていた，食物を提供する"お接待"の場面で，合掌して丁寧に挨拶して受け取る人の脇から，黙ったままで，ひったくるように持ち去ってしまう遍路者をみかけることがある。

第2に，"お接待"を沿道あるいは寺院境内で行っている"営業活動"の一種のようにとらえている人も少なくはないということがあり，誤解を解くために，「お接待ですよ！」と大声をあげている場面を目にすることもある。

そして第3に，多くのサービス活動についてみられるようになった"あるのが当然意識"が蔓延したことによって，人びとの素朴な善意に基づく行為である"お接待"までが，"行われて当然のこと"と受け取られる傾向がみられることである。

「四国八十八ヶ所札所巡り・バスツァー」の添乗員をしている人によると，車内で「○○の接待はよかった」「××の接待はあまりよくなかった」などと大声で話し合っているのを見聞きすることが多いとのことであって，お接待も"あって当然"の対象となっているのである。

このことに関して，"歩き遍路"に対する批判として取り上げている例もみられる。それは，「歩き遍路を試みる人びとには，妙な特権意識をもっている人が少なくない」という見方によるものであるが，「もらってあげるのだ」といわんばかりの態度を示され，「お接待をもうやめてしまおうと思った」と，悲しそうに話す年配女性がいると，最近の遍路事情を紹介した，ある新聞記事は伝えている。

* **接待の役割**

このようにみてくると，「四国の人びとが行ってきた接待は，今後も継続さ

れ，存続するであろう」という楽観論を支持するのにはかなりの躊躇が伴う。さらに，遍路者と"お接待をする人"とのかかわりだけではなく，お接待をする人たちの"後継者問題"もあり，祖父母から父母へ，それぞれの子女へと受け継がれてきた慣習が，途絶してしまう危険性は少なくはなく，それは日本の文化とくに地方文化の存亡にかかわる問題である。

　遍路者と地元の人びととの交流は，たんに信仰にかかわることにとどまるのではなく，知識や技術の伝播にも貢献した面があったとされており，徳島および香川の特産品として知られる「三盆糖（和三盆）」は，日向（現在の宮崎県）から来た遍路者が，徳島の篤農家に砂糖の栽培を教えたのが機縁となったといわれると，前田は前記した著作の中で述べており，これ以外にもさまざまな事例があることにもふれている。

　四国を訪れた遍路者たちは，ギリシャ時代のクセノスと同じように，"よそ者"として警戒される場合もあったものと思われる。しかし同時に，外部から知識と技術を伝えてくれる人という意味を併せもっていたのであり，他者を快く受け入れ，歓待することは，地域の文化と経済にさまざまな形で影響を与えてきたのである。

　ホスピタリティの実践としての，遍路における接待は，このような幅広い視点からとらえ直すべきであり，存続を可能とする条件を多面的に分析することが必要である。

第10章　ホスピタリティのある観光をつくる

❶ 観光に求められるホスピタリティ

1）ホスピタリティを成立させるもの

　観光地を訪れた人びとに，「親切な行為だった」「好意的な応対だった」といった"満足感覚"を生じさせた場合，"ホスピタリティにあふれた対応"と評価される傾向がある。その評価対象は，個々人であることもあれば，店舗・施設全体，さらには地域や地域・国となる場合もある。

　しかしながら，"ホスピタリティにあふれた対応"という評価は，個人や地域などの受入れ側の努力だけではなく，ホスト側の表情や行為などを通して，あるいは応対の仕方の背景に，ホスピタリティを感じるゲスト側があってはじめて成立しているのである。ホスピタリティの感じられる観光"を実現することに関して，観光者を受け入れる観光地側だけに，ホスピタリティを向上させる努力を求める傾向が顕著であるが，それは誤った理解である。

　ホスト側が努力するとともに，場合によってはそれ以上に，ゲスト側がホスピタリティを受け止める感受性を強化することが求められるのであり，さらにその前提として，サービスに関するルールを理解し，マナーを守ることの必要性がある。前章でみてきたように，遍路における接待は，接待を行う人びとの善意と好意とともに，"お接待"を感謝の気持ちをもって受け取る遍路者とのかかわりによって成立しているのであり，遍路者のマナー低下は接待者の意欲低下をまねき，"お接待"の存続そのものをゆるがしているのである。

　ホスピタリティは，ホスト側から一方的に提供されることによって成立しているものではない。ホストが示したホスピタリティの実践としての行為は，そ

の中に込められた好意を読み取って受け止めることのできるゲストによってはじめて認められるのである。ホスト側がホスピタリティを実践する行為はさまざまであり，当人の都合や好みの影響があり，さらに文化ならびに社会的慣習の違いも加わって，正しく受け止めるのが困難な場合もあり，ホスト側の行為を好意的に受け止めないことも当然ある（第1章でふれた"お節介行為"をどう受け止め，評価するかという例もそのひとつである）。

2) 観光者に求められる"感光力"と"あり・なし"の見きわめ力

物事はすべて，受け止める側にある程度の対応力があることによって成立するのであり，レストランで美味しく食事をとるための基本条件は，適度に空腹状態であることなのである。観光において出会う，美しい風景や文化資源も，それに壮快さや美しさを感じることができる人によって，初めて価値あるものとなっているのである。旅先において出会ったものやことから何を見出し，何を感じるかにかかわっている感受性は，とくに"感光力"と称することができるのであり，観光者の満足度に大きく関係している。

親切や歓待も，他者の自分に対する行為の中に込められている気配りやさしい心を感じ取ることができるかどうかによって，意味も評価も違ったものとなってくるのである。また，何があり，何がないのかを見きわめることも，観光とくに施設利用にあたっては重要であり，このことについて，宿泊施設利用者の感想文を手がかりに考察してみよう。

ここで考察対象としたのは，東京都内にある宿泊施設利用者がチェックアウト時に残した感想メモや後日送られた"お礼の手紙"に記述されていた内容である。この宿泊施設は，家族で経営してした小規模旅館から，外国人を主たる対象とした"簡素な日本旅館"に転換したものであるが，日本的生活に興味・関心を抱く外国からの個人旅行者が増加した時代（1970年代後半）に，運営の基本スタイルをほぼ確立し，同様に外国人旅行者対象に営業を行っていた小規模旅館とグールプを結成し，"Hospitable and Economical"を共通のキャッチフレーズとして広報活動を展開した。

第10章　ホスピタリティのある観光をつくる　155

　対象素材としたのは，一部の人たちが"口コミ"で知っていた1980年代前半から，テレビや新聞などでも紹介されるようになり，一般的知名度もかなり高くなっていた1990年代中頃までの時期に，同施設に利用者が残した「メモ」および「サンキューレター」であり，"何に対して感謝しているのか""何に満足したのか"を，どのように表現しているのかを分析したものである。なお，これらを資料として収集し，解読にあたったのは，大学院生として"異文化体験"について研究していた幸田麻里子であり，幸田は後に関連する研究成果をまとめて，『国際観光と異文化理解』と題した論文によって，「博士（観光学）」を授与され，現在は大学教員として活躍している。

* **自然な行為にホスピタリティを感じる**

　素材の性格から当然のように，「感謝する」という言葉が圧倒的に多くみられるが，問題はその後にどのような言葉が述べられていたか，つまり，何について感謝していたのかなのである。"thank you for"の後に記されていたのは"kind（kindness）"と"hospitality"がほぼ同数であり，この両者で全体の半数強となっている。この2つに続くのが，"friend（friendly）""help（helpful）"であって，これらの上位4語で全体の76%を占めていることが認められた。なお，"service"の語が用いられていたものは全体の5%のみであった。文章としては，「（ホストが示してくれたホスピタリティが）日本のよい思い出をつくってくれた」「（この施設のホスピタリティは）日本に対してよいイメージを抱く機会となった」などの表現がみられている。

　同施設のオーナー兼支配人は，元々旅館の主人であったが，語学力が格段に優れている訳ではなく，"できることをやる"に徹してきている。大部分の客室はバス・トイレが共用で，他にラウンジがあるだけという簡素な施設であるが，清潔さを保つことに務めており，飲食等に関しては，近隣の飲食店に協力を求め，簡単な外国語表示メニューを用意してもらうように働きかけて，成果をあげてきている。

　同施設を利用する外国人旅行者の多くは，"口コミ"などを通して，簡素な

施設であって低価格であることも，一般宿泊施設にあるような"サービスがないこと"も知っていたものと思われる。つまり，いわゆるサービスがあることを期待してはいないのであり，"サービスがないこと"は予想通りなのであって不満を生むものとはならず，そこで出会ったホストならびに従事者が示してくれた自然な行為に，ホスピタリティを感じて評価しているものと考えられる。

ないものを求めて，満たされないことに不満をもつのではなく，そこにあるものを受け止めて評価するという姿勢をもった人たちによって，この施設は支持されてきたとみることができるのである。一方において，このような人たちを対象とする施設を貫いてきたホストとその家族の，自然体での応対は，ホスピタリティの実践と表することができる。

なお，同施設がマスコミで取り上げられたことによって，1990年代中頃から日本人（ほとんどは若い女性）からの予約問い合わせもみられるようになったが，バス・トイレが共用であることを告げると，すべての人が申し込みを取り止めてしまうとのことで，一般施設と同様なサービスを期待していたのだったとすれば，それは賢明な判断であったといえよう。

3) マナーとしての"人間の行為に対する反応"

サービス利用に関する最も重要なルールであり，かつ国際的マナーとして要求されることは，人間が直接行うサービス行為に対して反応することであるといってもよい。それは，直接人間を介してサービス提供がなされる場合，人間行為が"あったこと"についての確認あるいは評価を利用者側が行うということなのである。

欧米人が，このような人間行為の存在に対する"確認の反応"を頻繁に行う傾向があるのに対して，日本人は一般に少なく，このことが「傲慢」「無礼」「人間軽視」などと外国人当事者から批判されてしまう場合があり，労働者の権利意識がとくに強いオーストラリアの新聞に次のような投書が寄せられたことがある。

＊ 日本人客はサービス従事者を軽蔑しているのか

　私はある飲食店でウェトレスをしているが，時折訪れる日本人観光客のマナーの悪さには大変慣慨している。彼・彼女らは，私がテーブルにコーヒーや食物を運んだ時に「サンキュー」の一言もなく，何かをしてもらったことに対する感謝のジェスチャーもなく，サービス従事者をほとんど無視しているとしか思えない態度を示す。サービスを提供する人を低くみているように感じられる（後略）」〈筆者訳〉

　この例は，サービス提供者のサービス行為に対して，確認あるいは評価の合図を気軽に行い合う文化と，反応する慣習がない文化との間で生じた，ちょっとしたトラブルであるが，このような些細な誤解の積み重ねが"観光摩擦"を生じさせる一因となっているという指摘もあり，サービス行為に対する確認の反応は，生活慣習の問題ではあるが，国際化時代におけるマナー問題としての性格を強めていることは事実である。

　"サービス行為に対する反応"の問題は，対人応対に関してだけではなく，日本人の日常行動一般にも影響を与えており，第6章（消費生活とサービス評価の推移）で説明したように，利用することができるサービス全般について，"あるのが当然"として無関心であったり，あるいは無感動のまま受け止めやすいことに結びついている。

　そしてこのことは，社会的にサービス向上を図るための，さらにホスピタリティある観光を実現するうえでの最大の問題なのであり，前章で述べた遍路における"接待の危機"の主たる原因は，ゲストである遍路者側の理解の欠如，とくに率直に感謝を表現しない姿勢にあるといわざるをえないのである。

❷ ホスピタリティを育むことの意味

1） サービス事業従事者に対する教育から

　観光事業者に対するサービス教育の中で，ホスピタリティがどのように位置

づけられているのかを，観光地に所在する旅館の社員教育事例から考察してみよう。ここで取り上げたのは，全従業員を対象としたサービス教育・訓練を業界に先駆けて多年にわたって組織的かつ計画的に実施し，「大規模旅館において高度なサービスを安定的に提供する体制をつくることに日本で最初に成功した希有の事例(*)」と紹介されたことのある，山形県A温泉B旅館の事例であり，したがって業界に一般的にみられるものとはいいがたい面があるが，旅館業の考え方を知る手がかりとすることはできる。

＊　（前田勇『実践サービス・マネジメント』日本能率協会，1989年。）

＊　ホスピタリティを育む教育のポイント

同旅館の発展と経営の近代化に尽力した経営者は，現役を退いた後に著した講話集の中で，"ホスピタリティを育むこと"の重要性と難しさについて次のように述べている。

「サービスに大切なものは"正確性"と"ホスピタリティ"の2つの要素である。ホスピタリティは，"心暖まる親切心"の意味である。この内のどちらが欠けていてはサービスは成立しないのであり，正確さがなければホスピタリティだけではサービスとは言えないのである。

〈正確性を高めるための取組みに関する部分略〉

では，ホスピタリティを深化するにはどうしたらよいのか。これは人間性に関することであり，正確性を高めるための訓練とは異なり，幅広い人間性を陶冶しなければ心暖まる親切心は生まれてはこない。そのための教育のポイントとしては，①相手の立場でものを考える習慣をつけること，②自分のために働こうとする，働きがい・生きがいのある生活をつくること（つくれるように支援すること），③自己変革が大切ということの自覚（自覚出来る機会をつくること）の3点があげられると思っている。」

この説明は，地方温泉地に立地する旅館に対する利用者側の期待に対応する

ために，努力し続けてきた経営者としての経験をふまえたものである。ホスピタリティについては，ほぼ本来の語義にそって解釈しており，訓練によって習得できるものではなく，「教育」という語を構成している「教化」と「育成」の内の育成（得た知識などを生活を通して涵養し，自らのものとして身につけること）することによってのみ習得できるとする考え方である。しかし，ホスピタリティの発揮には自発性が必要であると述べているものの，無償性のものなのか，有償性のものなのかという点については明確ではなく，サービスを構成するソフト部分といった，やや曖昧な表現にとどまっている。

さらに，ここでのホスピタリティは，接客応対として具体的に表現した人間的行為を意味するものとして用いられており，利用者から「よかった」と評価されたという結果を通してホスピタリティの"あり・なし"が推測されるという論理が導かれる結果になっており，その意味において用語法的に適当であるとはいいがたい。サービス提供場面における，利用客が満足を感じるような応対そのものは，「情緒的サービス」と称されるべきなのであり，その向上を図るためにまず求められるのは，適切な言葉遣いや動作の習得，さらに利用者側からのさまざまな問いかけに的確に対応できる"正確な知識"をもつことなのである。そして，利用者に対するサービスとくに情緒的サービスを支える気持ちとして，"親切心"などの言葉を用いるのがより適当なのである。

このように，やや的確性を欠く表現がみられるものの，ホスピタリティは訓練の対象となるものではなく，それを育むことができる環境をつくることが経営者の課題であるとする説明は，問題の核心をついたものということができる。

2）ホスピタリティある人間の育成

観光関連サービスの改善と向上の重要課題は，「それぞれの事業に必要とされる機能的サービスに関する知識と技術を世界基準に向けて高めるとともに，国民性，地域性そして個々人の個性を生かした情緒的サービスを組織的に確立することであり，ホスピタリティあふれる人材の育成に向けて，家庭と社会，

大学を中心とする教育機関等が連携して取り組むこと(*)」である。

＊（前田勇編『21世紀の観光学―展望と課題―』，学文社，2003年。）

　ここでいう"ホスピタリティあふれる人材"が，他者に対する愛といたわりの心をもった人間を意味していることはいうまでもない。観光を振興させ，発展させるためには，ホスピタリティをそれぞれの立場と役割において実践することができる人間が必要不可欠なのである。

　ホスピタリティは，サービス提供に直接かかわる人びとの場合においても，接遇場面に関する知識と技術の習得によってのみ形成されるものではなく，個々人の感受性と共感力さらに表現力を高め，磨き上げていくという人間性そのものの向上によって発揮できるものであることを理解しなければならない。

＊ 観光者に求められる"応分な協力"

　日常生活圏外への一時的移動である観光においては，人間が直接かかわる対人的サービスを利用する機会が多くなりやすいが，それは提供者と利用者との相互の信頼と協力とによって成立しているのであり，サービス一般の場合以上に，利用者である観光者には"応分な協力"が求められるのである。

　観光に参加する人びとの満足・不満足は，観光事業に従事する人びとが経済活動として提供しているサービスの適否だけではなく，訪れた国・地域ならびに地方に居住する人びとの，ビジネスとは直接かかわりのない，さまざまな交流の成否によっても影響されている。

　しかしながら，観光者の満足・不満足は，観光事業従事者や地元の人びとの対応の適否という外部的条件によってのみ規定されるのではなく，行動主体側の参加姿勢に大きく影響されているのである。平素とは異なる環境において，さまざまな体験をもち，新しい発見を楽しもうとする意欲をもち，提供されるサービスおよび訪れる土地の人びととのかかわりを受け止めようとする観光者こそが，満足を得ることができるのである。

　"ホスピタリティあふれる人間"であることは，ホスト側に対してだけではなくゲスト側にも同様に求められているのである。

第10章 ホスピタリティのある観光をつくる

❸ ホスピタリティのある観光実現の指針
―いくつかの体験を手がかりとして―

1) サンドウィッチに添えられていた紙袋―自然体での気配り―

　かなり前であったが，オランダとドイツの国境近くの小さな都市に赴いた時のことである。当時，オランダの首都アムステルダムに滞在し，地方における国際観光客受け入れ体制について研究していた私は，観光地としては知られていない地方都市も視察対象としていた。夕刻になり，オランダ王立観光協会の現地案内所が紹介してくれたホテルを訪ねると，年配の夫妻だけで運営している，バス・トイレともに共用の簡素な施設であったが，笑顔で迎えてくれた。

　翌朝，小さな食堂で食事をとったが，大きなビーフ・サンドウィッチと飲み物だけの簡単なメニューであったが，ふとみると，ビーフ・サンドウィッチの下におかれていたのはナフキンではなく紙袋だった。よく知られているように，オランダの食事は一般に量が多く，1人前が日本の倍位の量にあたることも少なくない。朝食用のビーフ・サンドウィッチも半分で十分だったのだが，「残りは持ち帰りなさい」と無言で伝えているように思われ，当然そのようにした。食堂をでる時，ビーフ・サンドウィッチを入れた紙袋を居合わせたマダムに見せながら感謝の言葉を述べると，ちょっと恥ずかしそうにスマイルを返してくれた。

　その日の昼食に，別な土地の公園で木々を眺めながら，ビーフ・サンドウィッチを食べたことはいうまでもなく，同時に，紙袋に込められた"心くばり"をかみしめたのであった。このような，相手のことを思いやった，ちょっとしたことが，旅行者には"よい思い出"として記憶されているのである。

2) 対応できる人を連れてくる―困っている人への"チームワーク対応"―

　これも外国での体験である。オランダ・ドイツ・ベルギー3国の国境が1ケ所に集まっている地点が，オランダ最南部のマーストリヒト郊外にあり，一瞬に3ケ国を回れることで人気のある観光スポットとなっている。ここを訪れた

時，近くにあるはずの歴史的遺跡を探していたが，なかなかみつからず困っていたところ，小学校高学年から中学校低学年くらいの地元の人と思える少年が通りかかったので，思い切って尋ねてみた（なお，この付近はオランダ語の他に使われる外国語は，フランス語→英語→ドイツ語の順であるといわれている）。

少年は，英語で尋ねた私にちょっと困った表情をみせたが，すぐに，少し待つようにというジェスチャーを示して立ち去った。2・3分すると，一人の年配男性を連れて戻って来てくれ，この男性は歴史的遺跡の場所と行き方を流暢な英語で教えてくれた。私が男性と少年にお礼の言葉を述べたのはいうまでもないが，年配男性に少年とのかかわりを尋ねたところ，「近所の子供で，私がいつもこの時間に近くのコーヒーショップに居ることを知っているのだろう」と笑っていた。

* 人的対応の仕組みづくり

外国人を快く迎え入れることができるように，各種外国語での地図や外国語を併記した案内板などを作成することは国内各地で行われている。しかしそれだけではどうしても限界があり，直接地元の人たちに尋ねることになり，個人旅行者の場合はこの方法をとるのがより一般的であろう。こうした場合に，地元の人といっても，すべてが同様に対応できるようにしようというのは当然無理なのであり，知っている人に教えてもらえる仕組みをつくるようにすべきなのである。

大切なのは，何について知っている人は，どこにいる誰であり，また，このことに詳しい人は誰なのかなどについて，お互いに前もって知っているようにすることであり，困っている人たちに対応する仕組みを考案することである。

具体的な展開方法は地域特性によって異なってくるが，このようなネットワークあるいはチームワークづくりは，地域の高齢者および学童の安全への対応と密接に関係するものであって，地域としての防犯対策にも有効性をもつものと考えられている。

困っていた旅行者に対して，親切に教えてあげるチームワークが有効に働い

た時には，その地域は旅行者に親切な所として高い評価が与えられることになるものと思われる。

3) 納涼船での体験―譲り合い，共に楽しむ―

　国際観光モデル地区として整備するための基本計画策定のために，鹿児島市を中心に県内各地を訪れていた時に体験したことである。仕事が一区切りした日の夕方，県の担当者から，今日の夕食は鹿児島湾（錦江湾）納涼船上でとりたいとの提案があった。その理由は，この年，桜島が例年以上に爆発しているため観光客が減少しているので，地元が運営している納涼船を利用して一助としたいとのことで，関係者全員が賛同したが，このような"思いやり観光"に強い興味を感じた。

　私たちが納涼船に到着したのがやや早い時間であったため，乗船して来た人は，それぞれにゆったりとしたスペースをとって，船内で販売されている飲食物や自宅から持参した品物をひろげて，早速に宴会が開始された。ところが，時間とともに乗客が続々と到着するようになり，確保していたスペースは徐々に縮小され，出航時間になった時には，隣のグループとは肩を寄せ合うような状態になってしまったのである。しかし，このような状態に不平をいう人は全くみあたらず，持参した食べ物を互いにすすめあったり，隣になった人たちとの会話を楽しんだりしており，「和気あいあい」という言葉はまさにこのようなことをいうのであろうと思い感動を覚えたのであった。

　この納涼船に乗船していたすべての人が，桜島を支援する目的で利用していたとは思えないが，すべての人が"譲り合って，ともに楽しむ"という気持ちをもっていたことは確かなのであり，サービスはほとんど存在しない時間・空間において，鹿児島県民はホスピタリティを実践し合ったのである。

　これには後日談がある。鹿児島を訪れた時から2月あまり後に，市内で報告会が開催された席で，私にはこの"感動体験談"を披露して，鹿児島の最大の観光資源は"人びとのやさしい心"であると述べた。しかし，臨席していた県の関係者は一様にけげんな表情をみせ，なかには「そんなことあたり前ではな

いのですか」という人もいた。しかし，ホスピタリティが自然に実践され，それが普通のことと思われていることこそが，最も価値ある素晴らしいことなのだ，といいたいのである。

4) 困っている人を援助すること―躊躇した自分を恥じることのできる人―

これは，サービス優秀と評価される旅館を経営してきた人の話である。この人物の功績は，自分自身の旅館を一流にした以上に，同業者の子弟を預かるなどして，優れた旅館人を育成することに尽力されたことである。ある時この人物に会ったところ，平素よりもやや元気がないように見受けられたので理由を尋ねたところ，先程体験したことで落ち込んでいるのと事情を話してくれた。

それは，駅構内の喫茶店にいたところ，物音がしたので目をやると，近くに身体が不自由で，言葉もスムースではない人がおり，飲食物がこぼれるなどのちょっとしたトラブルが生じていた。何か手伝ってあげなければと思ったものの躊躇していたところ，別の席にいた中年女性がすぐに立ち寄ってテキパキと処置し，当人にやさしく語りかけていた。この情景を目のあたりにして，サービスの専門家と自負していたのに，積極的に何もできなかった自分を恥ずかしく思い，それが落ち込んでいる理由なのだと語ってくれた。

私は，感じたことのすべてを直ちに実行するのは難しく，今日のことは状況的にみて，より近くに居併せた人が役割を担ってくれたのだろうと，その時は慰め励ましたのであるが，感心させられたのは，躊躇した自分を恥じるという気持ちであり，このような心をもつことの大切さを改めて学んだのである。

他者に対する愛といたわりの精神を，スムースに実行に移すことできるようになるためには，実践の機会をもち，経験を積むことが必要であるが，与えられる機会を有効に生かすことができるように，心の準備を平素から怠ってはいけないのである。

5) ホスピタリティのDNA―他者を歓待する心と風土を育む大切さ―

あるコンサルティング団体の創立記念シンポジウムで，成長企業の条件について論じられたことがあったが，結論を要約すると3つの共通点があるとされ

た。それは，第1に組織統治力に富んでいることであり，第2に創造性のある人材とそれを活用できる組織体質であるとされていた。

そして第3にあげられたのが，活力を生み出す組織風土があることであり，それは，先輩から後輩へ，上司から部下へと，企業人としての心構えが不断に受け継がれていることを意味している。常にチャレンジし，改革していくという企業人精神のDNAが生き続いているということなのである。

日本は「親切文化の国」であると説明したように，他者に親切に，人にやさしく接することを当然の，普通のことと受け止めるDNAが存在していたのであるが，昨今の状況は，それが途切れてしまいそうになってきていることを示している。もしも，それを失ってしまうと，再び取り戻すには長い時間と多くの努力を改めて必要とすることになるのであり，早いうちにDNAの再活性化を図らなければならないのである。

他者を歓待する心を大切にし，それを実践することのできる人を育み，さらにそのことを大切にする風土をつくることに努力することが必要なのであり，多くの人びとを迎え入れることによって発展をめざしている観光地は，とくにこの課題に率先して取り組むことが期待されるのである。

〔**解説**—初出と参考文献等〕

(第Ⅰ部)
1) 第1章の前半部分は，日本観光ホスピタリティ教育学会の依頼を受けて，学会誌第1号に寄稿した論文に加筆修正を行ったもので，後半部分は新たに執筆したものである。
　　前田　勇「ホスピタリティと観光事業」，『観光ホスピタリティ教育』第1号，pp. 4〜16，日本観光ホスピタリティ教育学会，2006年。
2) 第2章は，上記した論文の該当する部分に加筆修正したものである。

(第Ⅱ部)
1) 第3章・第4章で説明しているサービス理論の概要に関する部分は，次の著書の該当章に加筆修正したものである。
　　前田　勇『観光とサービスの心理学』〈第Ⅲ部；サービスの行動科学，第11章〜第15章〉，学文社，1995年。
2) 第3章で簡単に説明しているサービス・マネジメント論については，次の著書参照。
　　前田　勇『サービス新時代—サービスマネジメントの革新—』，日本能率協会マネジメントセンター，1995年。
3) 第4章で取り上げた，「サービス」の用語法分析は，次の論文に基づいて再構成したものである。
　　前田　勇「『サービス』用語法の分析」，『立教大学観光学部紀要』第1号，pp. 1〜16，立教大学観光学部，1999年。
4) 第5章第2節（観光者心理の基本的特徴）は，上記の『観光とサービスの心理学』の第8章を要約的に記述したものである。
5) 第5章第3節（観光におけるサービスの位置と役割）の中で紹介している「葉書エッセーの内容分析」は，次の論文の中で分析を試みているものの一部分である。
　　前田　勇「旅館の特徴としての"曖昧性"に関する分析」，『立教大学観光学部紀要』第4号，pp. 1〜18，立教大学観光学部，2002年。
6) 第5章第4節（観光者のサービスへの期待と評価）は，次の論文に基づいて再構成したものである。
　　前田　勇「現代の旅館における満足・不満足の構造—サービス評価理論からの分析」，『日本観光研究学会全国大会研究発表論文集』No. 19　pp. 65〜

68。
7)第5章第5節（"新しい観光"とサービス）で取り上げている「ヘルス・ツーリズム」については，次の論文で概念・歴史等が説明されている。
　　姜　淑瑛「ヘルスツーリズムの現状と課題」（前田編『21世紀の観光学』収録，学文社，2003年。
　　また，日本における展開事例を紹介したものとして，次の各論文がある。
　　前田　勇・姜　淑瑛「鹿教湯温泉におけるヘルスツーリズムの展開—"ヘルスウィークかけゆ"とSホテルの取組み」，『温泉地域研究』第2号，pp.1～8，日本温泉地域学会。
　　前田　勇・姜　淑瑛「塩原温泉郷の健康観光地としての可能性」，『温泉地域研究』第2号，pp.15～20，日本温泉地域学会。

（第Ⅲ部）
1)第6章は，次の講義記録の前半部分を再構成したものである。
　　前田　勇「"豊かな観光"をめざして—サービス成熟社会の光と影—」，最終講義録，立教大学観光学部，2003年。
2)第7章は，次の業界紙に寄稿した論説に新資料を追加して分析し直すとともに加筆修正したものである。
　　前田　勇「"にっぽんの温泉100選"を通してみた人気温泉地の分析」，週刊・観光経済新聞，2006年4月8日号。

（第Ⅳ部）
1)第8章および第10章の記述の一部に，前記「ホスピタリティと観光事業」の記述を転用した部分がある。
2)第8章第2節（仲間意識とホスピタリティが支える地域祭事）は，次の論文に基づいて再構成したものである。
　　前田　勇「地域伝統祭事の観光対象としての限界—『片貝まつり（新潟・小千谷）』の事例—」，『日本観光研究学会全国大会研究発表論文集』No.21 pp.273～276。
3)第9章は，次の論文に基づいて再構成したものである。
　　前田　勇「遍路における接待の意味と役割—日本におけるホスピタリティの実践—」，『日本観光研究学会全国大会研究発表論文集』No.22
4)第10章第1節（観光に求められるホスピタリティ）の内，マナーに関する部分は，次の論文中の関連した記述に基づいて再構成したものである。
　　前田　勇「サービス成熟社会の課題」，『立教大学観光学部紀要』第5号，pp.1～16，立教大学観光学部，2003年。

＜ 著 者 紹 介 ＞

前田　勇（MAEDA, Isamu）

現　在；立教大学名誉教授
　　　　大阪観光大学客員教授（2006〜）
経　歴；立教大学社会学部・観光学部教授（〜2003），中国西安外国語学院客員教授
　　　　（1987），韓国漢陽大学国際観光大学院招聘教授（2001），日本観光研究学会
　　　　会長（1994・95），博士（社会学）
主　著；
　　　　『観光概論』〈編著〉学文社　1978 年
　　　　『サービスの科学』ダイヤモンド社　1982 年
　　　　『実践・サービスマネジメント』日本能率協会　1989 年
　　　　『観光とサービスの心理学』学文社　1995 年
　　　　『現代観光総論』〈編著〉学文社　1995 年
　　　　『サービス新時代』日本能率協会マネジメントセンター　1995 年
　　　　『世相管見―不安定社会の消費者心理を解く―』学文社　1996 年
　　　　『21 世紀の観光学』〈編著〉学文社　2003 年
　　　　『観光の社会心理学』〈監修著〉北大路書房　2006 年

現代観光とホスピタリティ
　　――サービス理論からのアプローチ

2007 年 11 月 30 日　第 1 版第 1 刷発行
2011 年 9 月 10 日　第 1 版第 2 刷発行

編著者　　前　田　　　勇
発行所　　㈱ 学　文　社
発行者　　田　中　千　津　子
　　　東京都目黒区下目黒 3-6-1（〒 153-0064）
　　　電話 03(3715)1501(代) 振替 00130-9-98842
　　　(落丁・乱丁の場合は，本社でお取替えします)
　　　定価はカバー，売上カードに表示〈検印省略〉
　　　　ISBN 978-4-7620-1734-6　印刷／倉敷印刷㈱